一头撞进

山海经

张佳杰　张梓航　著

中国国际广播出版社

图书在版编目（CIP）数据

一头撞进山海经 / 张佳杰 , 张梓航著 . -- 北京：
中国国际广播出版社 , 2022.4

ISBN 978-7-5078-5089-5

Ⅰ . ①一… Ⅱ . ①张… ②张… Ⅲ . ①历史地理－中
国－古代②《山海经》－青少年读物 Ⅳ .
① K928.626-49

中国版本图书馆 CIP 数据核字 (2022) 第 003967 号

一头撞进山海经

著　　者	张佳杰　张梓航	
责任编辑	笑学婧	
校　　对	张　娜	
设　　计	青蓝工作室	

出版发行　中国国际广播出版社有限公司 ［ 010-89508207（传真）］

社　　址　北京市丰台区榴乡路 88 号石榴中心 2 号楼 1701
　　　　　邮编：100079

印　　刷　金世嘉元（唐山）印务有限公司

开　　本　720 毫米 ×1020 毫米　1/16
字　　数　200 千字
印　　张　16
版　　次　2022 年 4 月　北京第一版
印　　次　2022 年 4 月　第一次印刷
定　　价　69.80 元

　　司马迁在《史记》中说道："至《禹本纪》《山海经》所有怪物，余不敢言之也。"那么，连司马迁都不敢言说的《山海经》到底是怎样一部奇书呢？

　　《山海经》是我国著名的先秦典籍，共十八卷。其内容十分广博，记载了历史、神话、宗教、天文、地理、民族、民俗、物产等，保存了许多脍炙人口的远古神话传说，为我们了解古代宗教和部落之间的争战提供了宝贵的历史资料。书中记载的奇异人物、灵异禽兽、域内园林、海外仙山，更是古往今来名士大家的灵感宝库，司马迁、陶渊明、鲁迅等就深受其影响。

　　随着时间的流逝，书中有关远古时期的描述逐渐有了相关考古发现的佐证，古今中外无数专家学者也曾解读过《山海经》，《山海经》得到了专家学者的认可，逐渐确立了其百科全书式上古奇书的地位，在光辉灿烂的中国古代典籍遗产中以其独树一帜的风格闻名于世。

　　阅读《山海经》可以帮助孩子们了解动物的历史可以远溯到几万年以前，山川的形貌在历史的长河中不断变迁，上古时代的人们的生活与现代是如何不同……这些内容对于孩子们世界观的塑造、想象力的开拓都具有十分重要的作用。但是《山海经》作为一本上古书籍，创作人数众多、生僻字也遍布文中，给阅读增加了许多的困难。为了帮助青少年能够轻松地阅读《山海经》，仰人神、观异兽、看禽鸟、赏鱼虫，畅游在远古时期的神奇世界之中，我们对原书做了一些编写与整理，以求能够对孩子们阅读《山海经》有所助益。

首先，我们对原著里的内容重新筛选和整理，挑选出适合孩子们阅读的篇目和故事，分成了四个部分——"人神篇""异兽篇""禽鸟篇""鱼虫篇"。并将《山海经》中的故事译成白话文，进行了一些改编，增强了文章的故事性和趣味性，有助于引起青少年儿童的阅读兴趣。除此之外，还对生僻字进行了注音，帮助孩子们顺利阅读。

其次，图画作为一种重要的媒介，使得远古时期的瑰丽世界跃然纸上。我们吸收借鉴前人配图，对《山海经》中的人神、异兽、禽鸟、鱼虫都重新绘制了精美的彩色插画来辅助阅读。

最后，我们还设置了原典重现这一板块，让本书充满奇趣又不失原味，不仅增强了本书的可读性，还丰富了阅读形式。

总之，《山海经》反映了先祖们伟大的想象力与创造力，蕴藏了巨大的智慧，是一部值得我们细心阅读、深刻研究的上古百科全书。让我们和孩子一起从神奇瑰丽的故事中开始探索吧！

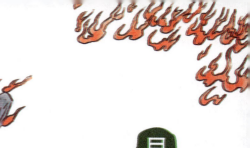

目录

人神篇

异兽篇

目录

禽鸟篇

鱼虫篇

人神篇

女娲
人类的母亲

　　女娲，中国上古神话中的创世女神，又称娲皇、女阴、大地之母，是华夏民族人文的始祖。女娲人首蛇身，头上长着黑色的长发，身上覆盖着青色的鳞片，双目炯炯有神，走起路来风风火火，疾如闪电。

　　女娲是一位善良的神，她为人类做过许多好事，而使人们最为感动的，是女娲抟土造人和炼石补天的故事。

　　相传盘古开天辟地后，累得倒在地上，他的身躯化为日月星辰、山川草木，他的气息化作虫鱼鸟兽。这时，女娲独自一人在茫茫原野行走。她觉得很寂寞，于是在水边挖了些泥土，照着池塘里自己的影子，捏成了一个小人，又给小人安上手脚，捏好后往地上一放，小人居然活了起来。女娲满心欢喜，接着又捏了许多。她捏了很久，胳膊都麻木了，就顺手从身边的柳树上折下一根柳条，伸入泥潭，蘸上泥浆向地上挥洒。泥浆四处飞溅，每一个泥点也都变成小人。于是，就有了人类。

　　人类慢慢繁衍起来，日出而作，日落而息，幸福地生活在大地上。可不承想，忽然有一天，水神共工想要和颛顼（zhuān xū）争夺帝位，结果共工输了，他恼羞成怒，一头撞向不周山，竟然把不周山撞倒了。不周

山是支撑天地的大柱子，现在倒了，天也就倒下了半边，天空出现了一个大窟窿，大火从窟窿里喷出；地上也出现一道道大裂纹，洪水从地底下涌出；各种猛兽也出来吞食人们。渺小的人类面临着从未有过的大灾难。

女娲目睹了这一切，内心无比痛苦，于是决心补天拯救人类。她选用各种各样的五色石子，用火将它们熔化成浆，再把滚烫的石浆运到天空，将残缺的天补好；又斩下一只大龟的四脚，当作四根柱子把倒塌的天支撑起来；还擒杀了残害人类的猛兽；又用草木灰堵塞住洪流。最后，天补上了，地填平了，火熄灭了，水止住了，猛兽销声匿迹了，人们又重新过上了安乐的生活。

现在，人们常常看到天边五彩的云霞，传说那就是女娲补天的地方。但从此天还是有些向西北倾斜，因此太阳、月亮很自然地东升西落，大地东南方塌陷，所以地势西高东低，江河也都向东南方向汇集。

> **原典重现**
>
> 有神十人，名曰女娲之肠，化为神，处栗广之野，横道而处。
>
> ——卷十六·大荒西经

西王母

掌管刑杀、灾难和疫病的女神

西王母形貌和人一样，但长着一条粗壮的豹子尾巴，满口锋利的虎牙，她喜欢吼叫，蓬松的头发上戴着玉胜。她掌管着天下刑杀、灾难和

疫病。西王母养着三只长着红色羽毛、爱吃鱼的巨型猛禽，叫作"青鸟"，青鸟每天都会替她叼来食物和日用品。

西王母有两处居所，一处是盛产玉的玉山，一处是昆仑山。

玉山中有一种兽，形状像狗，身上有豹纹一样的斑纹，头上的角像牛角，叫声如同狗吠，名叫狡，狡出现在哪个国家，哪个国家就必定会大丰收。山中还有一种鸟，长得像长尾的野鸡，但全身呈红色，名字叫胜遇，它以鱼类为食，叫声如鹿鸣，它出现在哪个国家，哪个国家就会发生水灾。

昆仑山巍峨雄伟，屹立在大地的西北方，传说它是天帝在下界的都城，也是天上众神相聚的地方。西王母和她居住的瑶池就在昆仑山上。

相传西王母还曾在瑶池宴请过周穆王和汉武帝。

《穆天子传》记载，穆天子喜欢四处巡游，有一次，路过昆仑山，因为和西王母兴趣爱好相投，被奉为贵客，在瑶池旁唱歌写诗，好不快活。

传说汉武帝天天虔心敬神求保佑，西王母对汉武帝十分喜欢，就给他开疆拓土的功业，保佑他江山永固。此后，汉武帝果然是百战百胜，疆域也越来越大。汉武帝便骄傲起来，他兴建豪华的宫殿、修筑浩大的陵墓、搜罗奇珍异宝，却不顾百姓们妻离子散、怨声沸腾。百姓们的遭

西王母

遇被西王母知道后，西王母很生气：只顾自己享乐，不管百姓的疾苦，这样的人怎么还能继续受到护佑呢？于是西王母不再保佑汉武帝，还降下灾难。汉武帝自作自受，好运也就到头了。

　　因为昆仑山是众神聚集的地方，一般人是无法登上去的。据说只有射日的后羿登上过一次。

　　昆仑山上有一棵长生果树，这棵树结的果子炼制而成的丹药，有延

年益寿、长生不老的功效。西王母经常把长生不老药赏给有功和善良的人。后羿射日有功，西王母就曾奖励给他两颗长生不老药，可是他的妻子嫦娥却趁后羿不在偷偷把两颗药都吃了，结果她升上了清冷的月宫，独自忍受着凄寒之苦。

西王母赏罚分明，既可以惩罚作恶之人，也可以奖励为善之人，所以人人都很敬畏她。

原典重现

又西三百五十里，曰玉山，是西王母所居也。西王母其状如人，豹尾虎齿而善啸，蓬发戴胜，是司天之厉及五残。

——卷二·西山经

西海之南，流沙之滨，赤水之后，黑水之前，有大山，名曰昆仑之丘……有人，戴胜，虎齿，有豹尾，穴处，名曰西王母。

——卷十六·大荒西经

炎帝

中国农耕文化创始人

女娲造人以后，越来越多的人开始在华夏这片神州大地上繁衍生息，部落文化也随之出现。靠天吃饭的渔猎生活难以满足部落发展的需要，作为中华民族第一个由渔猎转入农耕的氏族部落，炎帝带领神农氏族创造了中国的农业文化。因此，炎帝得以与黄帝并称为中华民族的人文初祖。

炎帝出生在华夏土地，长着牛首人身，从小就爱玩火，也善用火。聪明的炎帝可不是那种只会淘气的小孩，正直又善良的他经常用自己的本领帮助他人。有一天，炎帝遇到一只周身通红的丹雀，丹雀衔着一棵五彩穗谷从他的头顶飞过，掉落了几棵穗谷。炎帝就把种子收集起来种植，谷物成熟后从中选出了稻、黍、稷、麦、菽五种作物。因此得名"五谷爷"。

作为部落的首领，为了让部落的人民都能吃饱饭，炎帝发明了木耒

炎帝

和木耜，教给人们农耕技术，开创了刀耕火种的耕作方式。人们跟着炎帝春种秋收，过上了衣食无忧的生活。后人感激炎帝的伟大创造，于是尊称他为"神农氏"。

传说，神农氏的肚子如水晶一般透明，能看见五脏六腑，不管是哪里出了问题，都能看得清清楚楚。有一天，族人因为误食了有毒的草不幸去世。神农氏十分伤心，他开始思考，因病或是意外去世的人那么多，如何才能解决人们生病的问题呢？神州大地资源丰富，一定有药物能够治疗相应的病症吧！只要我将药草一一尝过，便可以知道它们的药理和疗效了。

为了解决人们的病痛，神农氏开始了尝百草的艰难旅程。神农氏走访神州大地，尝到过使人中毒的毒草，也尝到过效果显著的药草，最终因为品尝断肠草却来不及寻找解药而离世。虽然没有品尝完神州大地的每一株草，但是炎帝将途中见闻一一记录，编辑成为珍贵的医药典籍，为子民们做出了巨大的贡献。

神农以身尝百草，献出了自己的生命，造福了部落的子民，也获得了后人的尊敬与敬仰！

原典重现

炎帝之妻、赤水之子听𧘿生炎居，炎居生节并，节并生戏器，戏器生祝融。祝融降处于江水，生共工。共工生术器，术器首方颠，是复土穰，以处江水。共工生后土，后土生噎鸣，噎鸣生岁十有二。

——卷十八·海内经

黄帝

斩杀蚩尤的领袖

黄帝是中国远古时代华夏民族的共主，也是五帝之首，还与炎帝共同被尊为中华民族的人文初祖。黄帝长着人面蛇身，十分具有领导才能，不仅统一了中原地区的三个部落，还继承了神农氏族农业生产经验，将原始农业发展到高度繁荣的阶段。

上古时期，部落群聚，为争夺帝位，黄帝与炎帝曾经开战，打败炎帝之后，黄帝部落的势力越来越强大，各部落便纷纷前来归顺。黄帝是一个十分合格的首领，他施行仁政，带领百姓们开荒耕种。黄帝所领导的轩辕部落日渐强盛起来。

这时，长江流域的另一位部落首领开始恐慌了，他有三头、六臂、八脚，长着一张牛脸，还有一对翅膀，脑袋坚硬无比。他的名字叫作蚩尤，尽管自己的部族也有很强的实力，他还是害怕有朝一日黄帝的部落发展得越来越强大，迟早将自己的部落一口吃个干净！一山容不得二虎，既然不能和平共处，两个部落只有开战这一条路可走了。

为了抢占先机，蚩尤率先开始大规模地冶炼铜铁，制造兵器，又请来了风伯雨师，为战斗做出了充分的准备。黄帝听闻蚩尤的宣战，率领部队沉着应战，只是还是难以抵挡蚩尤部落风伯雨师的汹涌水流。士兵们慌乱之时，智慧的黄帝挑兵点将，请来了天女女魃（bá）。女魃也被称为旱神，旱神已至，无尽的河水顷刻便蒸发了。黄帝率部落乘胜追击，将蚩尤和他手下的八十一名大将打了个落花流水，在冀中地带一举擒拿蚩尤！

　　仁民爱物的黄帝痛恨蚩尤掀起战争，下令将他斩首示众，蚩尤临死前所戴的木枷被抛到荒野，木枷顿时化作一片红枫林，人们都说，火红的枫叶就是蚩尤滴在木枷上的鲜血。自此以后，人们看到红枫林，就想起了当年的蚩尤，从此再也没有部落首领敢罔顾人民安乐，任意挑起战争了。

原典重现

蚩尤请风伯雨师，纵大风雨。黄帝乃下天女曰魃，雨止，遂杀蚩尤。

——卷十七·大荒北经

蚩尤

娥皇和女英

湘江河畔的仙女

洞庭山自古以来就是一座宝山，山上的动物、植物和矿产资源都十分丰富，帝尧的女儿们——娥皇和女英就住在这座仙气缭绕、鸟语花香的灵山之上。

娥皇和女英是一对感情深厚的姐妹，常常相携在长江的深潭中游玩赏景。由澧水和沅江吹来的风，会于湘江的深潭，另有九条大江大河也交汇于此。因此两姐妹游玩之时，常常伴随着疾风骤雨。这一带还有许多怪神与怪鸟出入频繁。

帝尧的这两个女儿不仅有着沉鱼落雁、闭月羞花的美貌，还十分聪明、贤惠。追求她们的贤士简直要从湘江畔排到天宫去了！帝尧为了给两个女儿挑选如意郎君，也为了给自己挑选合适的接班人，在部落之中选贤任能。终于他看中了一个名为舜的年轻人，将自己的两个女儿都许配给了他。

舜迎娶了帝尧的女儿们后，在沩水河畔安了家，一家人过上了相敬如宾、和和美美的生活，舜的能力也越发受到帝尧的认可。不久后，帝尧就将部落首领的位置传给了他。

帝舜登基后，娥皇被封为后，女英被封为妃。两姐妹相亲相爱，共同辅佐帝舜治理天下。帝舜在位的三十九年间，将部落管理得井井有条。只可惜天妒英才，帝舜晚年巡视南方时，不幸病逝苍梧山，埋葬于九嶷山。

娥皇和女英知道了这个消息后悲痛欲绝，立刻奔赴九嶷山去见帝舜最后一面。二人一路乘船，一路哭泣，点点泪光洒在了湘江，化成了无尽的

悲伤。望着九嶷山翘首以盼，但眼泪模糊了视线，氤氲成一团白雾，她们什么也看不见。疾风骤雨之中，娥皇和女英不幸入江，为帝舜殉葬。最终，两个人化为了湘江的水仙，守护着与帝舜的故土河山。

原典重现

　　又东南一百二十里，曰洞庭之山，其上多黄金，其下多银、铁，其木多枏、梨、橘、櫾，其草多葌、蘪芜、芍药、芎䓖。帝之二女居之，是常游于江渊。澧、沅之风，交潇湘之渊，是在九江之间，出入必以飘风暴雨。是多怪神，状如人而载蛇，左右手操蛇。多怪鸟。

——卷五·中山经

羲和
太阳女神

帝尧时期，有一个羲和国，位于东海和南海之外、甘水之间。羲和国有一个名为羲和的女子。她给人间带来了光明，被人们尊称为太阳女神和时间女神。美貌的时间女神是天帝帝俊的妻子，她和帝俊一共生养了十个孩子，十个孩子从羲和身上汲取精华，化身为十个太阳。

羲和对自己的宝贝儿子们十分宠爱，为了将他们教育成可造之才，她给每个孩子都安排了在天上值班的时间，十个孩子每天轮换着上岗，为人间带来了温暖与光明。不仅如此，羲和还会每天乘坐六龙太阳车护送孩子们在天上值班。十个孩子也十分努力，兄弟之间一团和气，谦让有礼，秩序井然地每天按时上班和下班。看到孩子们这样乖巧，羲和十分欣慰！为了奖励十个孩子每天不辞辛苦地工作，羲和会带他们去扶桑树下甘渊沐浴，洗去身上的污垢和一天的疲惫。

日子就这样一天一天地过去了。十个太阳逐渐长大，也越来越有自己的想法，最初为给人们带来光明而骄傲的他们逐渐厌倦了每天枯燥无味的生活。贪玩的大哥突然想到了一个好点子："弟弟们，我们每天的值班和巡行工作是如此枯燥，不如我们今天结伴而行，一起巡游，途中有你们陪我聊聊天，也免得无聊！"九个太阳应和道："好哇好哇！还是大哥聪明，我怎么没想到这样有趣的好法子呢？"

说干就干，十个太阳趁着母亲不注意，一起跑到天空上随心所欲地玩闹起来，一会儿飞到东边，一会儿又出现在西边。他们是玩得开心了，

義和

地上的农民伯伯和小动物们可就受苦了！十个太阳同时炙烤着大地，河流在一瞬间就枯竭了，庄稼都被灼烧了个干净，因为旱灾百姓们也流离失所，大地上没有了一丝生机……

義和和帝俊知道了十个太阳做的荒唐事之后，十分生气，于是派来百发百中的神射手——后羿来惩戒这几个逆子。后羿翻过了九十九座高山，行过了九十九条大河，穿过了九十九个峡谷，历尽了千辛万苦，终于来到了东海边的甘渊。他登上那棵直入云霄的扶桑树，拉开万斤力的弓弩，搭上千斤重的利箭，直直地向太阳射去，一口气射落了九个太阳，留下了一个太阳为人间带来光明。剩下的那个太阳可吓坏了，自此以后他再也不敢不听義和的安排。

于是，最后一个太阳每天东升西落，尽职尽责，为人间带来光明与

温暖。人们日出而作、日落而息，重新过上了简单而幸福的生活。

东南海之外，甘水之间，有羲和之国。有女子名曰羲和，方日浴于甘渊。羲和者，帝俊之妻，生十日。

——卷十五·大荒南经

常羲

月亮女神

大荒之地有一座山，叫作日月山。日月山是天的枢纽，太阳和月亮工作后偶尔也会来这里休憩。这里有个神灵名为嘘，他掌管着太阳、月亮和星辰的运行秩序。要是谁有机会来日月山转一转，就可以一览日月星辰的绚烂与光彩！

日月山林落着大大小小的汤泉。帝俊有两个妻子，她们分别是太阳女神羲和和月亮女神常羲。帝俊和羲和共同养育了十个太阳儿子，又和常羲共同养育了十二个月亮女儿。月亮女神常羲经常在日月山中为十二个月亮女儿挑选温暖怡人的汤泉休沐。十二个月亮女儿沐浴之后，个个都是面如银盘、肤若凝脂。也难怪不论是帝王将相，还是文豪大家，抑或是平民百姓都常常醉心于赏月了。

十二个月亮女儿也是极爱美的，每每沐浴之后，总是换上母亲常羲为她们亲手缝制的漂亮衣裳，因此，我们看到的月亮姑娘总是不同的。

当月亮穿上一袭束身薄衣展示自己的曼妙身姿，我们就会在天空上看到一个弯弯的月牙儿；当月亮姑娘穿上了便于行动的常服，我们就会看到天空上挂着一个半月；当月亮姑娘穿上了华丽的袍子，我们便能够在天上看到一轮完美的满月了！

　　和十个太阳哥哥一样，十二个月亮妹妹也是按照母亲常羲安排的值班表轮换着上班，十二个姐妹一个人值班一个月，一年十二个月的光景就过去了。在月亮姐妹们工作的时候，为了防止她们偷懒，月亮女神常羲便会坐着九尾凤凰驾驶的月亮车在天空巡游。柔和的月光洒在了没有太阳照耀的大地上，为夜晚的行者指明了前进的方向，照亮了他们回家的路。

　　姑娘们总是比男孩子贴心懂事，十二个月亮姐妹十分体贴母亲，也没有给母亲惹过麻烦，她们严格按照母亲常羲安排的值班表值班，从来

不会偷懒或胡闹，她们的品质也得到了古往今来诸多名士的认可。在历史的长河中，时光流转，月亮越来越受到人们的认可与赞美。不仅有诗人为其作诗来寄托情思，更是在中秋佳节——家家户户团圆之时逐渐形成了赏月的重要风俗。

中秋节不光有月饼吃，还有家家户户一同欣赏自己的美貌，农历八月十五便成为月亮女神和十二个月亮姑娘最喜欢的日子！

> **原典重现**
>
> 有女子方浴月。帝俊妻常羲，生月十有二，此始浴之。
>
> ——卷十六·大荒西经

陆吾
昆仑山上的神明

传说天帝在凡间有一座都城，这座都城坐落于神州大地西部的昆仑山。昆仑山是一座绵延百里的巍峨仙山，掌管这座山的神明就是陆吾。

陆吾体格十分巨大，身躯足足有九十九只老虎那么大；长相又十分奇特，拖着九条尾巴，虎一样的爪子，长着像人一样的脸。陆吾监管着昆仑山上天界九部和天帝的花园，是天帝的大管家。这是位很有个性的神明，脾气还有些古怪，不管是哪路的神仙、鬼怪，只要是触犯了天界律法，他都会依法处置，绝不姑息，却偏偏对昆仑山下的生灵、草木格外宽容。

陆吾

昆仑山上有许多神异的植物，例如珠树、文玉树、琪树、不死树等，还有本领各异的灵物，如蛟龙、大蛇、豹子、土蝼、钦原、凤凰、鸾鸟，它们都十分喜欢这个外表看起来凶猛、内心却很有爱的山神，常常跟在陆吾的屁股后边玩耍。有时它们调皮找了麻烦，陆吾也并不觉得烦恼，反而觉得它们十分可爱。

相传尧帝在世时，中原地区洪水泛滥，庄稼都被滔滔不绝的洪水淹没了，农民们的生活也因此受到了很大的影响。陆吾在这时应天帝之令帮助大禹治水，水神共工害怕大禹灭了他的威风，一而再、再而三地捣乱，甚至引着洪水直至大禹的家门。这时幸而有陆吾鼎力相助，与大禹一同抵抗共工引来的滔滔洪水，尽管陆吾对战共工九次都以失败而告终，但是他也为大禹召集群神共同迎战作乱的共工争取了宝贵的时间，可以说，

大禹治水最终能够成功与陆吾的奋力抗争是分不开的。

刚直不阿而又仁民爱物，这就是昆仑山上的神明陆吾。

原典重现

西南四百里，曰昆仑之丘，是实惟帝之下都，神陆吾司之。其神状虎身而九尾，人面而虎爪。是神也，司天之九部及帝之圃时。

——卷二·西山经

英招

看花园的天神

如果说昆仑山是黄帝在人间的居所，那么槐江山就是黄帝在人间的花园，站在槐江山上向南看，就能看到光焰耀目、云雾缭绕的昆仑山了。槐江山可是一块宝地，在这块宝地上遍地都是黄金美玉，珍奇异宝、奇花异草更是数不胜数。山的南面产出细腻的丹砂，北面则出产许多带有纹理的金银。英招就是天帝派来看管槐江山的天神。

英招的形状十分奇特，明明长着人的脸，却有马的身体，身上还遍布老虎一样的斑纹，嘶叫声好像用辘轳在井里抽水一样。更奇的是，英招还有一对巨大的翅膀，能够随心所欲地振翅飞翔，那叫一个潇洒自由！英招本是黄帝的园丁，负责打理黄帝的小花园，顺便也做做槐江山的山神，管理山上的大小事务。但热爱自由是英招的天性，于是他便常常四处游走，有时连黄帝也寻摸不到他的踪影。黄帝常常因此训斥英招，但他生性豪爽、古灵精怪又爱交朋友，每当受到责难时总有一群朋友替他求情。

有一次英招云游归来刚好撞见了来巡查的黄帝，黄帝实在是无可奈何，于是便对他说："既然你这么喜欢游玩，我便派你去巡行四海，把我的旨意散播到各个地方吧！"英招很喜欢这个职务，工作起来总是尽心尽力，总是在第一时间就把黄帝的决策传播到四方。

英招还是著名的和平战神，参加过许多征讨邪神的战争。舜帝时期，水神共工联合九头恶怪相柳阻挠大禹治水，英招挺身而出，即刻便斩杀了相柳，立下了奇功。

英招不仅在槐江山上尽职尽责、为黄帝广布消息时勤勤恳恳，又在战争中一展英勇神武的身姿，立下了赫赫功绩，也因此受到后人的敬仰。

又西三百二十里，曰槐江之山。丘时之水出焉，而北流注于泑水。其中多嬴母，其上多青、雄黄，多藏琅玕、黄金、玉，其阳多丹粟，其阴多采黄金、银。实惟帝之平圃，神英招司之，其状马身而人面，虎文而鸟翼，徇于四海，其音如榴。

——卷二·西山经

武罗

青要山上的女神

若问黄帝在凡间有多少秘密居所，答案是：太多了！估计黄帝自己也没认真数过。不过，青要山肯定是要算一处的。青要山山势险峻，林茂花繁。站在山顶向北望，可以清晰地看到黄河的"几"字形大转弯，据说那里水草丰美，鸟儿成群结队。转头向南望去，便能看到墠渚（shàn zhǔ）。那是大禹的父亲鲧（gǔn）因为治水不力受到责罚，死后化身为黄熊的地方。

掌管青要山的是一位仙女，名字叫武罗。她穿着带有豹纹斑点的服饰，她的腰像柳枝一样纤细，脸像银盘一样圆润，牙齿像珍珠一样洁白，眼睛像火炬一样明亮，耳朵上戴着银耳环。她说话的时候，声音清脆悦耳，就像翡翠碰撞一般动听。

青要山上雨水充沛，树木繁茂，气候温和湿润，有小溪在山顶蜿蜒盘旋，溪边的石头和树木上长满了青苔，数量众多的蜗牛和田螺到处攀爬休憩。小溪汇流成一条小河，叫畛（zhěn）水，畛水流到山下后，向北注入黄河。山中有一种名字叫鹦（yǎo）的鸟类，这种鸟身上长满青色羽毛，眼睛是浅红色的，尾巴却是深红色的，鹦鸟的体形外貌和野鸭相仿，吃了它的肉有利于生育。山上还生长着一种名为荀草的植物，长着方形的草秆，开黄色的花朵，结红色的果实。这种果实有美容养颜的功效，经常以荀草果实为食可以让人肤色白皙、青春永驻。青要山是最适宜女子居住的地方。

青要山的主峰是青女峰，青女峰山险崖陡，挺拔俏丽。峰顶的山凹处有一块巨石，远远望去，仿佛是一位亭亭玉立的少女，仪态端庄，楚楚动人。据说，这就是神女武罗的化身。

相传，蚩尤在涿鹿被黄帝打败斩杀后，他的余部退守青要山，据险抗争，难以攻克。就在黄帝一筹莫展之际，女神武罗仙子出手相助，在她的帮助下，黄帝顺利收服蚩尤残部。黄帝感念武罗的功绩，就把她封为青要山的山神，让她在此处颐养。

微风吹拂，仿佛可以看到女神武罗风姿绰约地站立在青要山的山顶，仙气缭绕，衣袂飘飘，目光如炬地四处观望，日夜守护着青要山。

又东十里，曰青要之山，实惟帝之密都。北望河曲，是多驾鸟。南望墠渚，禹父之所化，是多仆累、蒲卢。魃武罗司之，其状人面而豹文，小要而白齿，而穿耳以镰，其鸣如鸣玉。

——卷五·中山经

泰逢

和山的吉神

很久以前，黄河九条支流的发源地重峦叠嶂，遮天蔽日，分布着大大小小五座山，其中有一座山，名为和山。和山是什么颜色呢？我们不得而知，但肯定不是绿色！因为据历史记载，和山上既不长草，也不长树木。虽然不长草木，和山上却遍布美玉、玛瑙。毫不夸张地说，和山是一座由玉石堆起来的山！

和山上有一位守护山神，叫作泰逢。泰逢喜阳，他的家就安在和山南的阳光充足之地。泰逢的样貌与普通的人没有什么区别，只是比人多了一条老虎尾巴。若是不了解他，走在路上，根本认不出这是位神仙。泰逢也乐得自在，他喜欢与人交往，于是常常藏起尾巴，混迹在人群之中。尽管泰逢行走江湖之时打扮得十分低调，可周身的金光却是隐藏不住的，因此常常收获众人惊异又艳羡的目光。

这些都源于泰逢是个有着十足本事的吉神。我们知道，自盘古开天辟地之后，天地之间一片清明祥和。而泰逢的本事，便是搅动天地之气的能力。只要他愿意，便可将这世间一切搅得天翻地覆。

幸而，泰逢是一个充满正义感的神仙。他不会轻易使用自己的法力，只会在适当的时候惩罚那些枉顾人伦与道德的小人。相传夏朝有一位昏君叫作孔甲，整日花天酒地、沉迷享乐。有一天，孔甲率领一众随从来到和山打猎。正要进山的时候，大风骤起，黑云密布，孔甲因此迷了路……这便是和山山神泰逢的手笔。

除此之外，泰逢还被奉为吉神。据记载，春秋时期晋平公在浍水就曾经遇到过泰逢。只是那时，晋平公并不知道泰逢的身份，只是觉得这个人面相随和又自带金光，很是奇异。二人在当地交游了好几天才告别。

回去后，晋平公向博学多识的臣子师旷请教。师旷当下便有了结论，连忙恭喜晋平公遇见了难得一见的吉神泰逢。果然在不久之后，晋国气候风调雨顺，战事连连获胜，人民也安居乐业，国境之内一片祥和之气，想来是吉神泰逢为仁君的国度降下了祥瑞之气吧！

原典重现

又东二十里，曰和山，其上无草木而多瑶、碧，实惟河之九都。是山也，五曲，九水出焉，合而北流注于河，其中多苍玉。吉神泰逢司之，其状如人而虎尾，是好居于萯山之阳，出入有光。泰逢神动天地气也。

——卷五·中山经

骄虫

沉迷吃鸡的平逢山神

在今天的河南省洛阳市的北边有一座山名为北邙山。在很久很久以前，北邙山其实叫作平逢山。那时，平逢山上一片荒芜，遍地都是沙子和石头。由于没有水源，各种草木都难以在山上生存。在如此恶劣的环境中，依然住着一位山神。这位山神的名字叫作骄虫。

别看骄虫是一位正经的山神，他在日常生活中其实十分放荡不羁。因为平逢山还是一座名副其实的蜂山，山上布满了大大小小、各种各样的蜂群。骄虫便是他们甘愿为之俯首称臣的大王。也因此，骄虫越来越如他的名字一般，变成了一个骄傲自满的神仙。骄虫在山上的小日子过得十分滋润，只要他想要什么，群蜂便会尽心尽力地为其找寻过来。

　　骄虫没有其他什么爱好，只是格外喜欢吃新鲜的鸡肉。于是，平逢山上的蜂群们便想方设法地找寻新鲜的雄鸡献给骄虫。一开始，蜂群还每天勤勤恳恳地在其他山峰的林中四处搜寻野山鸡，只是日子渐渐过去，周围山林的野山鸡都渐渐地近乎绝迹了……为了讨好骄虫，蜂群于是开始对山下农户家养的雄鸡下手。家中的鸡凭空消失，农户们是既害怕又愤恨！蜂群的行为最终还是引起了农户们的不满，于是人们纷纷在供奉西王母的寺庙中祈福，不只是祈求家中一切平安顺遂，更重要的是家中的雄鸡不能再不翼而飞了！

　　西王母突然收到这么多相同的控诉与请求，顿时感到事有蹊跷，于

是派遣了三青鸟下凡查明原委并解决事端。三青鸟即刻领命来到农庄查看情况，不曾想到，刚好撞见了趁着夜色来偷鸡的平逢山蜂群！三青鸟见到如此情状，捉了蜂群首领仔细审问。一问才知道，这群小怪是为了向平逢山神"献宝"才生出这样的事端！

于是三青鸟便去见了骄虫，骄虫十分理直气壮，昂着头说道："这事可赖不着我，又不是我让它们帮我偷鸡的，哼！"三青鸟见他不讲道理又不知反思，也懒得与他计较。只是下了命令，再也不准平逢山的蜂群在平逢山的地界之外抓鸡。

自此以后，蜂群们受到了约束，便在人们路过平逢山时才索要雄鸡。如若不给，就会被蜇个面目全非。久而久之便形成了一个风俗，路过平逢山时，人们都会在山脚下宰杀雄鸡，祭拜这个爱吃鸡的山神，以求不被蜂群蜇咬，平安过山。

原典重现

中次六经缟羝山之首，曰平逢之山，南望伊、洛，东望谷城之山，无草木，无水，多沙石。有神焉，其状如人而二首，名曰骄虫，是为螫虫，实惟蜂、蜜之庐。其祠之：用一雄鸡，禳而勿杀。

——卷五·中山经

九凤

大荒之野的天神

　　很久以前，人烟稀少的大荒之野有一座高耸入云的仙山，这座山有个与之相配的名号——北极天柜。北极天柜地处华夏土地的最北端，毗邻北海，海水便由北向南注入山中。山上住着一个神仙，长着人的样貌、鸟的身体，却有九个脑袋，因此得名九头凤，也可以叫他九凤。

　　九凤还有个更为奇特的邻居也住在北极天柜，那就是另一位天神强良。强良长着虎头人身，有四只蹄子，肘臂很长，家中还养着许多小蛇，且最擅长操控蛇。强良性格不羁，又十分喜欢恶作剧。

　　一天，强良兴趣大发，想要看看这个平日里冷若冰霜、面无表情的

邻居受到惊吓时会是什么表情。强良立刻计上心头，盘算着送一些花色各异的小蛇给九凤把玩。说是送礼，不过是想让九凤出糗，好以此嘲笑他罢了！说干就干，强良在自己的宠物里选来选去，这一条也舍不得，那一条也放不下，这可都是自己的心肝宝贝啊！没有其他办法，强良只好花费了好大的力气从各地搜寻了一番，终于得到了几条合格的小蛇做"礼物"。他挑了个天气晴好的日子，还给小蛇们都打上了精致的蝴蝶结，便操纵着这些小蛇悄悄爬进九凤的家里。

九凤可是个清丽脱俗的神鸟，怎会被几条戴着蝴蝶结的小蛇吓到，不仅施法将小蛇丢回强良的家门口，物归原主，还给强良留下了一张字条，上面赫然写着四个大字：无福消受。强良本想看九凤家中鸡飞狗跳的场景，没想到自家门口先"着了火"。看到九凤的字条和奄奄一息的小蛇们，强良气得鼻子都歪了！自此后，强良见到九凤都绕着走，再也不愿也不敢招惹这个无趣的邻居了。

九凤这般温润如水的秉性在他的名字中就有所体现。"凤"与"龙"齐名，自古以来就是我国劳动人民最为崇拜的两大图腾之一，被视为吉祥的象征。

楚地的百姓则尤其钟爱九凤，人面鸟身而九首的九凤，是楚地人民的先人所崇拜的一个半人半鸟的图腾形象，也是九头鸟形象的最早原型，在今天湖北考古发掘的许多文物中，都可以见到九头凤鸟的形象。

原典重现

> 大荒之中，有山名曰北极天柜，海水北注焉。有神，九首人面鸟身，名曰九凤。又有神，衔蛇操蛇，其状虎首人身，四蹄长肘，名曰强良。
>
> ——卷十七·大荒北经

长乘

赢母山的天神

在高耸入云的昆仑山西侧，屹立着一座不太起眼的仙山，这座仙山叫作赢（luǒ）母山。赢母山的山腰以上有着潺潺的溪流，在溪流永不停歇的流动中打磨出了许多玉石，由于山脚处没有水源，随处可见便都是青色的石头了。

赢母山上有一位天神，名叫长乘（chéng）。长乘是赢母山唯一的天神。因此，也顺理成章地成了赢母山的山神，日常管理着赢母山中大大小小的事务。要说长乘的相貌，与寻常人也没有什么不同。只是身形高大，长得又有几分英俊，还拖着一条让他的形象更加威风凛凛的犳（zhuó）尾。赢母山上的精灵小兽们都十分敬仰山神大人。不光长相讨喜，长乘的德行也是没得说的！

传说赢母山神长乘是由"天之九德"幻化而来，"九德"便是天界希望人

间广为传播的九种美好的德行。长乘的使命之一就是向人间播撒"九德"的种子，让美好的品德不断在人们的心中生根发芽。我们历史中所熟知的早期智者们的思想，都可以说是长乘为人们种下的品德之花。

天之九德的代表——长乘不仅担负着传播九德的责任，还担任着德行"督导员"的使命，不管是人还是神仙做出了败坏德行的恶事，长乘都会依照律法对其施以惩罚。相反，若是品德良善，长乘也会给予相应的奖赏。惩恶扬善不仅是长乘的职责，也是长乘的使命。因此，掌管九德也是一项十分重要的工作，首先要求"司九德"的天神能够以身作则，拥有超然物外一般高尚的品德。如此才能给善人以相匹配的嘉奖，给恶人以相对应的惩罚！

治水中三过家门而不入、舍小家为大家的大禹在治水中路过洮水时，遇到了天神长乘。长乘正是感念大禹这种无私无畏的英雄精神而来，赠予了大禹一块黑色的美玉。这玉石可大可小、收缩自如，在治水工作中起了很重要的作用。

管理九德、赏罚有度，这就是嬴母山上的天神长乘。

原典重现

西水行四百里，曰流沙，二百里至于嬴母之山，神长乘司之，是天之九德也。其神状如人而豹尾。其上多玉，其下多青石而无水。

——卷二·西山经

少昊

百鸟之王

　　西王母所居住的玉山向西行九百八十里，有座山叫长留山，山上住着的神仙是黄帝的儿子——白帝少昊（shào hào）。长留山上不仅产玉石，还有许多漂亮的鸟兽。山中的玉石花色多样、形状各异，漂亮极了！山中野兽的尾巴上长着好看的花纹，鸟类的脑袋上也有奇异的斑纹。少昊就住在这样一个环境优美、风景宜人的地方。

　　少昊是一位风流倜傥的神仙人物，他降生之时，天空便出现了一番祥瑞的奇异景象：赤、黄、青、白、玄色的五只凤凰分别从各个方向飞来，降落在少昊的周围，不停地发出长长的嘶鸣。自此以后，人们便称呼少昊为凤鸟氏。长大一些的时候，少年少昊爱上了抚琴，常常在琴旁一坐就是一天，不仅研究出了许多乐理，还发明了许多乐器、创作了许多脍炙人口的乐曲，成为华夏民族第一个研究"乐"的人，为后来民乐的发展奠定了基础。

　　日子一天一天地过去，少昊神奇的禀赋和超凡的本领一天一天显现。少昊的父亲黄帝决定送他去东夷部落历练一番。少昊就这样背起行囊上路了……几年后，少昊成长为一个十分有担当的青年，不仅娶了凤鸿部落首领的女儿，还接连成为凤鸿部落和东夷部落的首领，带领着部落的子民们过上了富足安乐的日子。

　　不久之后，在东海之滨少昊还建立了自己的国家，名为少昊之国。因为国中百官皆是由鸟担任，各个部落的图腾也都是不同的鸟，所以也

叫百鸟之国。因为凤凰是百鸟之王，又是祥瑞的象征，因此少昊任命凤凰做总管，帮助自己处理重要事务。又分别任命四种鸟类掌管四季更替，燕子掌管春天、伯劳掌管夏天、鹦雀掌管秋天、锦鸡掌管冬天。四季不同，人们看到的"鸟大人"也不尽相同了。

除了四时四季，一个国家中的其他事务也是十分繁杂的。于是少昊将各种鸟的长处一一发挥，给予它们合适的工作，让它们在自己的岗位上发光发热。于是，慈爱的鹁鸪被派去掌管教育，凶猛非常的鸷鸟被派去掌管军事，细致入微的布谷鸟被派去掌管土木，威风凛凛的鹰被派去掌管刑罚，能言善辩的斑鸠被派去掌管言论。另外还有九种扈鸟掌管农业，五种野鸡掌管手工业。

各种鸟类都活跃在自己的职位上，少昊的百鸟之国在"鸟大人"们的管理下越发蒸蒸日上了。

> 又西二百里，曰长留之山，其神白帝少昊居之。其兽皆文尾，其鸟皆文首。是多文玉石。实惟员神魂氏之宫。
>
> ——卷二·西山经
>
> 东海之外大壑，少昊之国。少昊孺帝颛顼于此，弃其琴瑟。有甘山者，甘水出焉，生甘渊。
>
> ——卷十四·大荒东经

蓐收

刑罚之神

从我们所熟知的天山向西走二百九十里，就能看到美艳绝伦的泑（yōu）山了。泑山之上，玉产丰富。山的阳面都是婴短玉，阴面则是随处可见的青石和雄黄石了。日落时分，站在远处遥望泑山，就能看到温暖的日光笼罩在雪山之巅，雪山反射出阵阵红光。一幅大气磅礴的"日照金山"图景，就在眼前徐徐展开。

泑山之上，住着一位神仙，他叫蓐（rù）收。蓐收是白帝的儿子，常常辅佐白帝处理公务。大家可以经常看到他左边耳朵上挂着小蛇，脚下

骑着两条龙，风风火火地穿梭在天上与人间办公。每到日落的时候，蓐收就会站在泑山的山顶，向着散发红光的太阳远望。掌管这红色的光芒，便是蓐收的兼职之一。他也因此被人们称作日落之神。

除了管理日落，蓐收主要的职务是掌管刑罚，这是因为蓐收性格深沉，盯着人的眼睛时，往往就能将一个人的心思看个明明白白。有这样的本领，派遣他来掌管刑罚真是再合适不过了。于是，蓐收每天兢兢业业地巡查人世间。

有一天，蓐收在日常巡查中发现了一位昏庸无道的虢国君主。在百姓

面前，他道貌岸然，背地里却是花天酒地。于是蓐收决定惩治这个半点不懂得为君之道的昏君！在惩治之前，蓐收决定给他一点警告，也许他因此幡然悔悟，便使百姓们免受战乱之苦。

蓐收走进了虢（guó）国君主的梦，在梦中警告他："天帝命令，晋国军队将袭击虢国都城，你将被晋国将领挥刀斩于马下，若是不想遭受亡国之灾，便从此刻开始，好好治理你的国家吧！"虢国君主梦醒之后，非但不害怕，还将这个离奇的梦在宴会的时候当作笑话讲给妃子和大臣们听："晋国与我们隔着虞国，如何伐我？"大臣们尽管不认同，也不敢不附和……虢国君主依旧我行我素。不久之后，梦境便应验了，晋献公从虞国借路，兵临虢国城下将其灭国。虢国君主后悔不已，只不过此时说什么都晚了。一味地贪图享乐、枉顾为君之道的人，最终一定会得到他应有的惩罚。

对于仁民爱物的明君如晋国君主，蓐收加以奖赏，助其开拓版图；对暴虐成性的昏君如虢国君主，蓐收给予惩罚，灭其国家。万事万物在蓐收的赏与罚之中轮回、发展、变化。这就是刚直不阿、赏罚分明的刑罚之神蓐收。

原典重现

又西二百九十里，曰泑山，神蓐收居之。其上多婴短之玉，其阳多瑾、瑜之玉，其阴多青、雄黄。是山也，西望日之所入，其气员，神红光之所司也。

——卷二·西山经

西方蓐收，左耳有蛇，乘两龙。

——卷七·海外西经

句芒

催发万物的生长之神

西方有神蓐收，东方则有神句（gōu）芒。句芒是少昊的儿子，长着与人一般的面庞、与鸟一般的身体，是东方大地的神仙，主管万物生长。树木的生长发芽都归他管理，后羿射日之后剩下唯一的太阳每天从一棵扶桑树旁升起，这棵扶桑树便由句芒管理。在东方大地，太阳升起的地方——扶桑树旁的甘渊也归句芒管辖。

春天是生长的季节，绿意丛生、满目生机，由伏羲与他的属臣木神句芒掌管；夏天是绽放的季节，繁花似锦、绚丽多姿，由炎帝和他的臣子火神祝融掌管；秋天是收获的季节，秋高气爽、惠风和畅，由少昊和他的儿子金神蓐收掌管；冬天是休憩的季节，银装素裹、白雪皑皑，由颛顼和他的下属水神玄冥掌管。

"一年之计在于春，一日之计在于晨。"句芒掌管着催发万物生长的源头。正因如此他被称作生长之神，人们也叫他春神或者木神。立春的前一日，为了祈求谷物能够顺利播种、茁壮生长，人们祭祀句芒并举行迎春仪式。迎春仪式也逐渐成为农民伯伯们每年都会举行的重要风俗习惯。

实际上，句芒不仅管理着植物的生长，还管理着人的生长和寿命呢。春秋时期就有一位郑国的君主曾经在宗庙之中遇见过句芒。郑穆公在庙中看到人面鸟身的句芒，惊慌失措地想要逃跑。句芒连忙说："国君不要惊惧，您是品行高尚、施行德政的仁君，天帝特地派我前来为您增加

十九年阳寿，保佑郑国国运昌盛、子孙延绵、百姓安乐。"郑穆公听完后，郑重地再三叩首拜谢，问道："敢问神明姓名，好让我为您进香供奉。"句芒回道："在下青帝句芒。"郑穆公所见神灵，便是句芒了。可见，句芒不仅是掌管着植物的生长，还会依照人的德行为人增减寿命。

自古以来，华夏大地的东方，总是生机勃勃。不仅草木葳蕤、植被茂盛，是植物和农作物生长的好地方，还涌现了一大批杰出的君主和对社会可用之材，这些情状与句芒尽职尽责地工作想来也是分不开的。句芒最喜欢生活在树木丛生、百草丰茂的东方大地。东方大地也因为有了句芒神的守护，越发富有生机与活力了。

帝江

能歌善舞的神仙

在华夏大地的西北边界，屹立着一座金玉铸成的仙山——天山。天山之上有如天界一般，云雾缭绕、白雪皑皑。山上盛产矿石，五步可见金、十步尽是玉，遍地都是青石和琼脂。这样一座富饶的仙山上住着的神仙自然也是大有来头。

这位神仙从远处看就像一个黄色的大口袋一般，身形胖胖的，十分可爱。走近了看，就会发现他的皮肤如火一般红艳，像太阳一样平坦浑圆，不光长着六只脚，还长着四只翅膀。更奇的是，他既没有耳目，也不长口鼻，浑然没有面目却能歌善舞。这位神仙的名字就叫作帝江，有时人们也叫他的小名——混沌。

帝江作为中央天帝，有两个一起长大的好朋友。一个是南海天帝，名叫倏（shū），意为"有"；另一个是北海天帝，名叫忽，意为"无"；混沌则是介于两者之间未开的浑浊之象，没有七窍，意味着"自然"。三位天帝自幼时便常常一同玩耍，一起饮酒、听歌、赏舞。北海天帝和南海天帝模样都与常人一般没什么不同，而他们的好朋友混沌却是七窍未开

的样子，于是他们自作主张地决定为混沌凿出眼睛、鼻子、耳朵和嘴巴，好让混沌也能与自己一样赏世间美景、嗅锦绣花香、听鸟叫虫鸣、品百味珍馐……

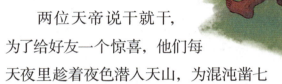

两位天帝说干就干，为了给好友一个惊喜，他们每天夜里趁着夜色潜入天山，为混沌凿七窍。几天过去了，在两位神仙不懈的努力之下，终于为混沌凿出来了耳朵、鼻子、嘴巴，就差一双洞悉万事万物的眼睛了！这天夜里，他们又叮叮咚咚地为混沌开了双目，完工之时掩盖不住地激动着。没想到第二天，听到的不是混沌开七窍的喜讯，却是混沌已经死去的消息！

原来，倏、忽两位天帝一心想让混沌开七窍，却忽视了自然规律。明明是好心却办了坏事，这下，曾经能歌善舞的混沌再也回不来了。天地之间却因为混沌的消失，第一次呈现出了一派清明的景象，从另一种角度看，这也算是因祸得福吧！

原典重现

　　又西三百五十里，曰天山，多金、玉，有青、雄黄。英水出焉，而西南流注于汤谷。有神焉，其状如黄囊，赤如丹火，六足四翼，浑敦无面目，是识歌舞，实为帝江也。

——卷二·西山经

于儿

乐于助人的水神

在很久很久以前，有一座山名叫夫夫山，山上住着一个神仙叫作于儿。夫夫山也是一座宝藏丰富的仙山，山上分布着许许多多的金矿，取之不尽的黄金让夫夫山成为一座名副其实的金山！由于地质活动频繁，夫夫山下也有许多可供开采的矿石，有石青，还有雄黄。山里不仅矿产丰富，土地也十分肥沃。山上植被茂盛，大多数都是桑树、构树；野草也长得茂盛，多为萹（biān）竹、鸡鼓。于儿神就悠然自得地住在这样一座怡人的山上。

于儿不仅是一位山神，管理夫夫山上的大小事务；还是著名的水神大人，掌管着水库、小溪和无数大江大河。尽职尽责的于儿神常常到各处水源去巡视，检查是不是哪里有纰漏，以防对下游人民的生产和生活造成不可挽回的巨大影响。在入水和出水的瞬间，于儿神常常会施展法术，使自己可以随时切换状态适应水下和水上不同的环境。施法的时候，人们就会看到一道金灿灿的光芒一闪而过，那就是于儿神周身散发的光芒了。

于儿神最喜欢的游戏就是操纵小蛇了，巡查的时候也常常带着两条心爱的宠物蛇，将它们盘在腰间，行走于江河湖泊之上，那画面简直有趣极了！许多掌管水的神仙都喜爱养蛇，也许是因为冰凉凉、滑溜溜的小蛇好像水一样，时时刻刻提醒着他们不要忘记自己的本职工作吧！

于儿神是一位乐于助人的好神仙。我们都知道很久以前，愚公为了

移去太行、王屋两座大山，耗尽了毕生的
精力和心血。他还命令自己的后人，
不断地将移山的精神传承下去，
直到有一天，孙子的孙子
的孙子……可以完成
这一项艰巨的任务。
于儿知道这件事情
后，被愚公的精神所
感动，义不容辞地
前去禀告了天帝，希
望天帝可以允许他帮
助愚公一家移走两座大
山。天帝听完于儿的讲述
也备受感动，准许于儿帮助愚
公移山，还给他派遣了两个得力助手帮忙背走两座大山。

　　平日里活泼好动爱跟小蛇玩，工作时又兢兢业业、一丝不苟，还有
一副难得的热心肠，这就是夫夫山上乐于助人的于儿神。

原典重现

　　又东一百五十里，曰夫夫之山，其上多黄金，其下多青、雄黄，其
木多桑、楮，其草多竹、鸡鼓。神于儿居之，其状人身而身操两蛇，常
游于江渊，出入有光。

——卷五·中山经

祝融

威风凛凛的火神

在神州大地的南方，住着一位风风火火、威风凛凛的神仙，他就是祝融。有人说祝融是黄帝的火官，也有人说祝融是炎帝的后人。祝融的身世版本众多，可谓是扑朔迷离。不过可以确定的是，祝融生活在华夏大地的南方，不仅开始是一位火神，后来还兼任了南海之神，合水火为一神，是一位真正的水火之神。

祝融生来便善于用火。小时候祝融学习了古老的钻木取火的方法，对火非常感兴趣，常常玩弄火种，有时在火堆前一坐就是一天。那时候，人们对于火种的取用和保存的知识十分缺乏。自幼喜欢思考的祝融常常想，除了钻木取火的法子还有什么方法可以取火呢？火能用来做饭，还有什么其他用途吗？在经年累月的学习和探索中，祝融不仅找到了击石取火的方法，还发明了火攻的战术用于抵御战争，给远古时期的部落人民带来了"希望之火"。

身兼要职的祝融长着兽的身子、人的面貌。长大成人以后，祝融常常往来各处处理公务，若是远远地看到一个强壮的人乘着两条火红色的龙，便可以确定那就是祝融了。

自古以来，人们都知道水火不相容的道理，那么善于用火的火神祝融又为何掌管了南海，成为南海水神呢？故事还要从上古时期说起，帝尧时期洪水肆虐，尧帝派遣臣子鲧，也就是大禹的父亲治理洪水。九年过去了，洪水治理却不见一点成效，鲧就打起了天帝的神土——息壤的主意，趁机潜入了天帝的居所偷走了息壤。鲧将息壤撒在了洪水泛滥的地方，想要堵塞洪水，不承想洪水决堤之后四处蔓延，所到之处民不聊生。天帝得知此事十分生气，于是命令火神祝融拿回息壤。祝融最终在羽山将鲧绳之以法，还监视鲧的儿子大禹治水。大禹运用疏导的方法治水成功后，火神祝融也受到了天帝的奖赏，成为南方的水神，兼职管理南海之水了。

祝融不仅乐于思考、勤于实践，而且心思细腻、一丝不苟。打破了水火不容的铁律，身兼水火之神的职位还能够如鱼得水地做好分内的工作，天底下大概也只有祝融神能够做到了！

南方祝融，兽身人面，乘两龙。

——卷六·海外南经

有芒山。有桂山。有榣山，其上有人，号曰太子长琴。颛顼生老童，老童生祝融，祝融生太子长琴，是处榣山，始作乐风。

——卷十六·大荒西经

炎帝之妻、赤水之子听沃生炎居，炎居生节并，节并生戏器，戏器生祝融。祝融降处于江水，生共工。共工生术器，术器首方颠，是复土穰，以处江水。共工生后土，后土生噎鸣，噎鸣生岁十有二。洪水滔天，鲧窃帝之息壤以堙洪水，不待帝命。帝令祝融杀鲧于羽郊。鲧复生禹。帝乃命禹卒布土，以定九州。

——卷十八·海内经

烛阴

衔着蜡烛的天神

很久很久以前，在今天山西的吕梁山脉的东边、霍山的东南边有一座山，叫作钟山。钟山的山如其名，山上钟灵毓秀，还住着一位能够呼风唤雨、遮天蔽日的全能天神。这位神仙的名字就叫作烛阴，他是钟山的山神，有许多不凡的本领傍身，为仙却十分低调，自有一番仙风道骨，在仙界也是不可多得的人才。

烛阴不仅本领高强，长相也十分奇异。传说他长着人一样的脸、蛇一样的身子，身长数千里，通体都是鲜艳欲滴的红色，十分惹人注目。他还有奇特的阴阳之眼，当烛阴睁眼时，世界就是光亮的白天；当烛阴闭目时，世界便笼罩在黑夜中。除此之外，烛阴呼吸之间，世间都会因此季节变换，当烛阴吹气时，冬天就到来了；当烛阴呼气时，则又是一个夏季。不用饮食、不用休憩，仙风道骨的烛阴就靠着体内的"息"生存着。偶尔泄漏出一丝气息，便幻化为世间的风，吹拂过山峰、流淌过河流、匆匆地掠过屋舍与人家……

烛阴还有一个更为形象的名字——烛龙。烛龙意为衔烛之龙，烛龙虽然长着一副蛇的身体，在远古时期其实也是不折不扣的龙种。在很久很久以前，共工与颛顼争夺帝王之位的时候，怒触了不周山，西北方的天柱因此折断，天地一齐向西北方倾斜，西北方的土地再也得不到阳光的照耀。华夏大地的西北从此变成了暗无天日的幽暗国度，这里的人们生活在无尽的黑暗里，没有阳光、没有温暖。黎民百姓的生活在幽暗寒冷的环境中过得苦不堪言，本领高强的烛阴便自告奋勇前去帮忙。烛阴衔着长明不灭的烛火照耀着西北的幽暗国度，这里的人们感激得痛哭流涕，于是尊称烛阴神为"烛龙"，以此感恩和纪念他为西北人民所做的贡献。

这一功绩使烛龙名扬天下，于是天帝征召烛龙手持火烛巡游四方，只有在回到钟山的时候才可以稍做休息。勤勤恳恳的烛龙本不想偷懒，可是因为惧怕天空中的尧日和景星不得不在钟山和幽暗国度躲躲藏藏，天帝因此大怒，认为烛龙消极怠工，惩罚烛龙用自己的膏脂制作长明不灭的烛火，在黑暗笼罩的夜里为人们带来光明。

原典重现

钟山之神，名曰烛阴，视为昼，瞑为夜，吹为冬，呼为夏。不饮，不食，不息，息为风，身长千里。在无𦞤之东。其为物人面蛇身，赤色，居钟山下。

——卷八·海外北经

刑天

刚毅顽强的猛士

陶渊明在读完《山海经》之后，曾经发出了这样的感慨："精卫衔微木，将以填沧海。刑天舞干戚，猛志固常在。"陶渊明被精卫填沧海和刑天舞干戚的伟大壮举和英雄精神所感动，留下了千古名句来歌颂他们。那么，刑天到底做出了怎样惊天地泣鬼神的壮举，以至于诗人能够发出如此感慨呢？

其实刑天原本没有自己的名字，只是炎帝的军队里一名默默无闻的小士兵罢了，平日里唯一的爱好就是作曲，歌颂部落人民的幸福生活。

故事要从炎帝和黄帝的那场战争说起……

炎帝部落在与黄帝部落的战争中落败，炎帝部落的子民都十分不甘。有一个小士兵则尤为气愤，在蚩尤举兵对抗黄帝的时候甚至想要加入蚩尤的军队，被炎帝极力阻止。黄帝再次战胜了蚩尤部落，这位士兵再也沉不住气了，左手握着青铜方盾，右手拿着大斧，气势汹汹地前往黄帝部落去找黄帝比个高低。黄帝见状，也拿起武器开始与他单挑。二人谁也不服谁，从白天打到黑夜，从天庭打到人间，直到打到了常羊山旁，黄帝气势如虹地朝着士兵的脑袋来了一剑，将其头颅斩了下来。士兵蹲下身摸索寻找自己的头颅，黄帝不想他找到头颅后恢复原来的身体再次陷入激战，于是一刀劈开了常羊山，一时间山崩地裂，士兵的头颅被埋在了山下，再也找不回来了。

黄帝赢得了最终的胜利。由于头颅被斩下，"天"字代表着人体的顶

端也就是头颅，因此这名士兵死后得名"刑天"。刑天失去了头颅之后，躯干陷入了无边的黑暗与寂静之中。但他却不愿认输，刚毅顽强的战士永远不会认输！于是，愤怒的刑天以两乳为眼，用肚脐当嘴，不停挥舞着手中的盾牌和斧头，咿咿呀呀地战斗着。

在以后的时间里，不仅陶渊明对刑天赞赏有加，刑天舞干戚也逐渐成为一种可歌可泣的英雄精神，为后世所推崇。我们也要学习刑天这种永不服输的态度，在遇到困难的时候，永远选择再坚持一下，胜利的曙光往往就在前方不远处。

原典重现

　　刑天与帝至此争神，帝断其首，葬之常羊之山。乃以乳为目，以脐为口，操干戚以舞。

——卷七·海外西经

异兽篇

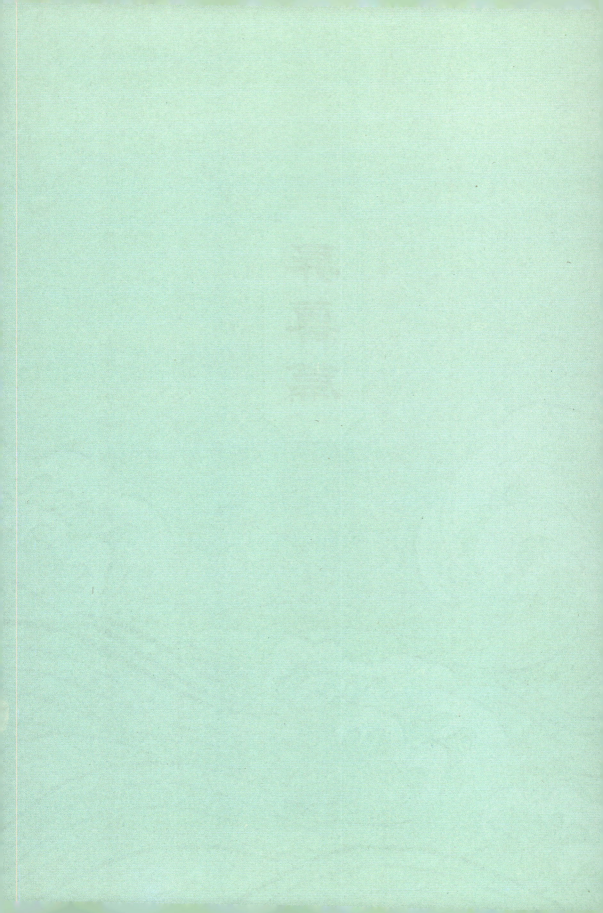

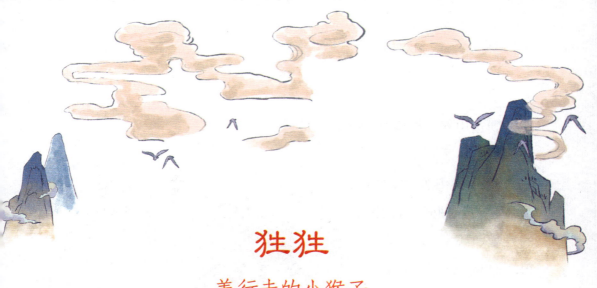

狌狌

善行走的小猴子

在西海的边缘，有一座山名为鹊山，鹊山上最高的山峰又叫作招摇山。远望招摇山，别的东西没有，最引人注目的便是一团团、一簇簇的桂花树了，每到春天，招摇山上的桂花香能飘到百里之外的仙山上，足以见得其数量之多、香气之浓了。除了遍山的桂花树之外，招摇山上还随处可见金子和玉石，是一座名副其实的宝山。

除了桂花、金玉，最奇的便是招摇山上的草木了。山上有一种草叫祝余，形状和韭菜一般，开的花也是青色的，吃了它就立刻不会感到饥饿了；山上还有一种树叫作迷榖，形状和构树无异，树皮的纹理是黑色的，开的花能发出光亮，将花朵佩戴在身上，远行的人就不会迷路了。

招摇山上还住着一只兽。这只兽有一双白色的耳朵，长得和现在的猕猴十分相似，不仅是形体相像，行动之间的神态更是神似！这只兽的名字就叫作狌（xīng）狌。不同于猕猴的是，狌狌不仅能匍匐行走，还可以和人一样直立着行走。狌狌最擅长的就是翻山越岭了。

在很久很久以前，兽界举办过一场爬山大赛，许许多多的神兽都积极地参与了这次大赛，兽类的长相各异，体形差异也十分巨大，有山一般高大威猛的巨兽，还有长着翅膀的飞行兽，更有四肢修长、善于奔跑的猛兽。奇形怪状、大小不一的各种神兽一齐攀爬高大巍峨的昆仑山，

谁先到达山巅，谁就赢得了比赛的胜利。

在群兽中脱颖而出的，不是有着各种先天优势的巨兽、飞行兽、猛兽，而是长相和身材都普通得不能再普通的狌狌。尽管没有体形上的优势，但既能攀爬，又能直立行走的技能帮助狌狌很好地适应了昆仑山复杂的地形，并最终夺得大赛的冠军。

狌狌一战成名，从此以后，大家都知道了招摇山上有一个白耳朵的山大王——擅长行走和攀爬的狌狌了。

原典重现

南山经之首，曰鹊山。其首曰招摇之山，临于西海之上，多桂，多金玉。有草焉，其状如韭而青华，其名曰祝余，食之不饥。有木焉，其状如榖而黑理，其华四照，其名曰迷榖，佩之不迷。有兽焉，其状如禺而白耳，伏行人走，其名曰狌狌，食之善走。

——卷一·南山经

狌狌知人名，其为兽如豕而人面，在舜葬西。

——卷十·海外南经

鹿蜀

杻阳山上的祥瑞兽

在旋龟的家乡杻（niǔ）阳山上，常常会有此起彼伏的歌谣声响起，你一定会以为是人在唱歌，其实，这是生活在山中的一种兽发出的声音。

这种兽的名字叫作鹿蜀，它的外形很华美，很像现在的斑马，颜色却和斑马不一样，头是白色的，而尾巴是红色的，身上还长着和老虎一样的条纹。鹿蜀非常健壮，四肢发达，奔跑的速度非常快。它们经常会成群结队地在怪水边吃草饮水、奔跑跳跃，时不时还会开个"音乐会"一起唱歌。它们的歌声很动听，惹得水中的好邻居旋龟也想引吭高歌，却不想只发出如同劈木柴一样尖厉刺耳的声音。

相传鹿蜀特别受人们的欢迎，因为鹿蜀的声音如同母亲哄小宝宝入睡时哼唱的歌谣声，所以古人就觉得它是一种祥瑞，相信佩戴它的皮毛就如同母亲陪伴在自己身边一样，可以永远守护、福延子孙。

那么鹿蜀到底是什么动物呢? 有人说是现在

的斑马，也有人说是一种生活在非洲大草原上的"霍加狓"兽，还有人说它们是长颈鹿的先祖。据史料记载，鹿蜀在古代又被叫作"虎文马"，这种动物在历史上是真实存在的，明朝时期，闽南一带还生活着很多，但是随着人类的大肆捕杀，鹿蜀渐渐地灭绝了。

为什么人类会捕杀鹿蜀呢？有人推断应该和它的声音有关，因为它的声音像母亲的呢喃，是一种祥瑞，它的皮毛可以"佩之宜子孙"。谁曾想到，人们只想着守护自己的子孙，却导致了鹿蜀的灭绝。

原典重现

又东三百七十里，曰杻阳之山，其阳多赤金，其阴多白金。有兽焉，其状如马而白首，其文如虎而赤尾，其音如谣，其名曰鹿蜀，佩之宜子孙。

——卷一·南山经

类

不辨雌雄的异兽

距离鲑（lù）鱼的家乡柢（dǐ）山东面四百里的地方，还有一座奇怪的山，它的名字叫作亶爰（dǎn yuán）山。这座山和山柢一样，山里也是溪塘遍地，水网密布。这么多水却不生一棵草本，山上怪石嶙峋、悬崖绝壁，人们根本无法攀登上去。山里生活着很多动物，其中有一种兽，形状长得像山猫，头上却长着和人类一样的头发，这种异兽叫作"类"。

《山海经》原著的描述里，类是一种很奇特的动物，它没有性别之分，一只类同时拥有雌雄两种特性，它会自己生育宝宝，人们若是吃了它的肉，就不会再产生嫉妒的情绪。

相传在明朝时，云南蒙化经常可以见到这种野兽，当地人称它为"香髦（máo）"。又有传说在南海山谷中有一种形貌像狸的灵猫，雌雄同体，也可能是类。

但有人说，类不一定是雌雄同体，只是古时候人们很难分辨而已。

还有人说，奇特的类和现在的大灵猫是近亲，它们的形态特征和生活习性很相仿。大灵猫是我国的二级重点保护动物，主要生活在热带、亚热带地区，它们在海拔低于两千米的山地丘陵上栖息，是杂食性动物，它们会爬树，也会游泳。大灵猫常常在夜间出行，行动特别敏捷，听觉和嗅觉都很灵敏，有人戏称它们为"狐狸猫"。

这么多的答案，你认为类到底是一种什么动物呢？

原典重现

> 又东四百里，曰亶爰之山，多水，无草木，不可以上。有兽焉，其状如狸而有髦，其名曰类，自为牝牡，食者不妒。
>
> ——卷一·南山经

猼訑

温顺又勇敢的神兽

你有过恐惧的情绪吗? 如果让你披上一件动物的皮毛就会变得无所畏惧, 你愿意吗?

今天咱们就来看看拥有这种皮毛的神奇动物。

从类的家乡亶爰山出发, 向东走三百里有座基山, 山的南面各种美丽的玉石遍地, 山的北面生长着奇形怪状的树木。有一种兽, 每天就在这些怪树林中跑来跑去, 它的外形如羊, 却拖着九条尾巴, 长着四只耳朵, 并且, 两只眼睛长在脊背上, 它的名字叫猼訑 (bó yí)。虽然猼訑的外形看上去和温顺的小山羊无二, 可它的皮毛却是十分珍贵的东西, 人只要佩戴上它的皮毛, 就会变得无所畏惧, 勇猛无比。

《山海经》原著中长有九条尾巴的神和兽并不多, 陆吾、九

尾狐，龚（lóng）侄、狒㐌。在我国古代有尊十崇九之说，就连皇帝也称"九五至尊"，可见，九在古人眼里的地位之高，而狒㐌长着九条尾巴，再加上外形温顺和勇猛无畏的反差，更让人觉得狒㐌神秘又低调。

相传蚩尤在和黄帝的战争中之所以无所畏惧、战无不胜的一个重要原因就是他披的战袍是用狒㐌的皮毛做的。

当然，这些都只是传说而已。其实，最好的勇敢是自信、自强，用强大的内心去战胜恐惧、战胜自我。亲爱的朋友，你认为呢？

原典重现

> 又东三百里，曰基山，其阳多玉，其阴多怪木。有兽焉，其状如羊，九尾四耳，其目在背，其名曰狒㐌，佩之不畏。
>
> ——卷一·南山经

九尾狐

亦正亦邪的神异动物

想象一下：有一天你去动物园，见到一只长着九条尾巴的狐狸，你会有什么样的反应？

九尾狐，和我们在动物园见过的狐狸大致一样，但九尾狐更美丽、机警。它身上的皮毛是月光般清濯明净的银白色，光滑如绸缎；它的眼瞳是如火一样的红色，透出狡黠和深邃；特别是九条又粗又长的大尾巴，高高竖在身后，蓬松柔顺，看上去像是盛开的花朵。它的每条尾巴都有

一种法力，也有人说一条尾巴就是一条命。

九尾狐叫起来就像是婴儿在啼哭，它出没的时候，一个最明显的特征是会有沙沙的声音，它的脾气很大，非常凶狠，会用幻术迷惑人，甚至会吃人。而若是人吃了它的肉，就不会受到毒气侵袭。据说，当一只狐狸活了超过一千年，它就会变成九尾狐。

在很古老的传说里，九尾狐生活在神秘的青丘山，青丘山是一座风景秀丽、重峦叠嶂的仙山，山的南面有很多玉石，北面出产许多可做青色颜料的矿物。

九尾狐死后，一定会将头朝向它出生的方向，因此古人认为它不忘本，而它的尾巴象征着开枝散叶、子孙繁衍、家族兴旺，被认为是祥瑞

九尾狐

之兆。相传，大禹治水时流传着"见九尾白狐可称王，娶涂山女可兴家"的说法，而大禹的妻子涂山氏之女就是九尾白狐。所以《聊斋志异·青凤》中的狐狸精才会说自己是"涂山氏之苗裔"，它们以此为荣。还有些书中，把九尾白狐刻画成集美丽智慧为一体的十分完美的主角。

而随着时间推移，狐的一件倒霉事发生了，就是被"妖精化"了。很多书籍都描写妖化后的九尾狐，最有名的是《封神演义》里的苏妲己，写她坏事做尽，把原本文武兼备、并不坏的商纣王迷惑得失去人性，并且残害忠臣良将，把一个江山稳固的国家祸害到灭亡。

从涂山女到苏妲己，九尾狐的神圣彻底消失了，它从祥瑞到妖精，成了亦正亦邪的典型代表。

原典重现

又东三百里，曰青丘之山，其阳多玉，其阴多青䨼。有兽焉，其状如狐而九尾，其音如婴儿，能食人，食者不蛊。

——卷一·南山经

狸力

柜山上的刨土专家

很久很久以前，有一座山峰叫柜山，它高高耸立在神州大地的南方，柜山上树木葱茏繁茂，站在山顶向北能看到诸毗（pí）山，向东能看到长右山，向西透过树木隐隐约约能看到流黄国。柜山中生活着一种异兽，它的名字叫狸力。狸力样子胖嘟嘟、萌萌的，像只小猪崽一样。

虽然狸力样子像小猪，可它的身体下面却长着四只如同鸡爪一样的小爪子，最为神奇的是它的叫声，"汪汪汪"这不是小狗在叫吗？不，这就是狸力发出的声音。你可以想象一下：长着鸡爪的小猪憨态可掬地望着你，发出"汪汪汪"的叫声，哈哈，那场景，真是太可爱了！

狸力最拿手的技能就是刨土了，它每天都会忙忙碌碌地用很多时间刨土挖洞。它挖洞的能力很强，有时候可以把一个洞挖到十几米长，除此之外，还会在洞中挖许多的岔路口，像地道一样，布局非常复杂，但狸力在洞中如同走平地似的，从来不会迷路。

有人说，狸力出现在哪个县，哪个县就会大兴土木。为什么会这样说呢？

你想啊，这个小家伙的技能就是刨土，人们平整的庄稼、居住的房屋、修筑的河堤，如果被狸力刨得到处坑坑洼洼、起伏不平的话，不修复怎么能行呢？

所以，见到狸力就会大兴土木，不是说它有什么预言能力，而是这个呆萌可爱的刨土专家会在无意中搞破坏啊。

原典重现

　　南次二经之首，曰柜山，西临流黄，北望诸毗，东望长右。英水出焉，西南流注于赤水，其中多白玉，多丹粟。有兽焉，其状如豚，有距，其音如狗吠，其名曰狸力，见则其县多土功。

——卷一·南山经

长右

制造水患的灾兽

　　从狸力的家乡柜山向东南走四百五十里，有座山叫长右山。长右山很奇怪，山中到处是溪流和瀑布，却不长草木。山中有一种兽，形状像猕猴，却长着四只耳朵，它的听觉非常灵敏。因为生活在长右山中，人们就把它叫作"长右"，长右发出的声音像是人在痛苦地呻吟。

　　古时候，人们把长右看作是水妖凶兽。据说，只要有人听到了长右的叫声，不几日便会发生水灾；又过了不久，有人看到长右在山中攀爬，一场更大的洪涝便席卷而来。也有人说长右可以不吃食物，每天却要喝很多水来维持生命，有些小的水潭会被它一口吸干，但是它不能到有土壤的地方去，因为只要它一接触到土壤，身体里贮存的水就会喷薄而出，发生洪灾危害百姓。传说大禹治水时用大铁链锁住它的脖颈，把它镇压在一座山下，治水工作才得以顺利开展。

　　现在，我们用科学的眼光看长右，它应该是生活在水边的动物，或者它只是对水非常敏感，可以预感到洪水的来临，因此它会提前逃离，而在逃离的时候被人们看到，不久洪水泛滥，人们便认为"见则郡县大水"了。

原典重现

　　东南四百五十里，曰长右之山，无草木，多水。有兽焉，其状如禺而四耳，其名长右，其音如吟，见则郡县大水。

——卷一·南山经

猾褢

兴徭役的灾兽

　　从长右山出发，向东走三百四十里就会看到尧光山。尧光山是座宝山，遍地黄金玉石，在阳光的照射下，发出金灿灿、明晃晃的耀眼光芒，然而，这座宝山却是灾兽猾褢（huái）的乐园。猾褢看起来和人一样，可它身上除了脸以外的其他部位却长着厚厚的猪鬃毛。

每当冬季来临气温下降、雪花飘落的时候，猾褢就会蛰伏起来，躲在自己的洞穴里呼呼大睡。一直等到来年春暖花开、万物复苏时，它才会钻出洞穴，在温暖的春天大声叫着，发出好似砍伐木头的刺耳声。

相传，人们很讨厌猾褢，因为它在哪里出现，就意味着哪里会有很多人被抓去服繁重的劳役。劳役是古代统治者强迫人民承担的无偿劳动，古时候生产力水平非常低下，生产工具也不发达，全靠青壮年干活养活一家人，如果被抓去几个月甚至几年，那家里的人该怎么办呢？并且，劳役的劳动量特别大，一般人无法承受。历史上，有很多由于劳役过于繁重，人民不堪忍受揭竿而起的故事，著名的"陈胜吴广起义"就是其中一例。

郭璞曾说，猾褢在天下太平的时候会销声匿迹，繁重徭役、国家大乱的时候它就会出现，而等到天下形势好转时，它又藏匿了行踪躲了起来。如此看来，猾褢应政而生，它的出现预示着人们生活会发生变故，人们怎么会喜欢它呢？

原典重现

又东三百四十里，曰尧光之山，其阳多玉，其阴多金。有兽焉，其状如人而彘鬣，穴居而冬蛰，其名曰猾裹，其音如斲木，见则县有大繇。

——卷一·南山经

羬
洵山上的仁兽

《山海经》原著中，遍地金玉的宝藏山很多，洵山就是其中一座。洵山的南面有数不清的黄金在阳光下闪着金色的光芒，山的北面满是各种美丽的宝玉。洵山中有一种兽，形状像羊，猛一看很温顺，但它的表情永远都是冷漠、高傲的样子。奇怪的是，这种兽没有嘴，更奇怪的是，虽然它没有嘴，却不会饿死，它的名字叫作羬（huàn）。

古人认为，羬是不可以伤害的，也是杀不死的，它不吃不喝也不会饿死，是因为它可以吸收天地灵气，是一种神异的灵兽。

那么，真有这种动物吗？

有人说，羬可能是藏羚羊的近亲高鼻羚羊。它看起来好像没有嘴的样子，但只是嘴的部位不容易被看到而已。

在遥远的冰河时期，高鼻羚羊为了适应寒冷的环境，把鼻子进化得很长，向前凸起，这样冷空气就可以在长长的鼻腔中慢慢通过，变得温暖后才到达肺部。高鼻羚羊因为鼻孔在鼻子的末端，覆盖住了嘴巴，所以看起来就像是没有嘴的样子，而且这种动物有极强的适应能力，在有草的情况下几乎不用喝水，这就是说它无口而不会饿死的原因吧。

在远古的神话故事里，还有和犰一样，不吃不喝也可以的生存的动物，你知道是什么吗？

原典重现

又东四百里，曰洵山，其阳多金，其阴多玉。有兽焉，其状如羊而无口，不可杀也，其名曰犰。

——卷一·南山经

蛊雕

泽更水中的凶兽

很久很久以前，有一种叫蛊（gǔ）雕的异兽，它长得形状像普通的雕，有如同鹰一样锋利的铁喙，头上长着角。

蛊雕生活在鹿吴山上的泽更水中，鹿吴山上没有一棵草木，只有遍

地黄金和石头间杂着堆满山顶。蛊雕的乐园泽更水，便从这些黄金和石头旁流过，在山顶弯曲盘旋着流淌而下，向南注入滂水。

蛊雕的名字虽然带有"雕"，但它却不是鸟，就和蝙蝠一样，是有翅膀能飞的野兽。蛊雕是真正的"海陆空"三栖异兽，它在水中游泳的速度非常快，又可以飞到空中，也常常到陆地上奔跑游逛。它生性凶残、狡猾，可以惟妙惟肖地模仿婴儿的哭声。

上古时期，蛊雕是人们特别厌恶的凶兽，相传，它喜欢吃人，而且食量很大。当蛊雕肚子饿的时候，它就会悄悄到岸上去，躲藏在偏僻的角落模仿婴儿啼哭，如果有人听到前去查看，蛊雕就会趁人不备，一口把他吞进肚子里。它经常用这样的伎俩蛊惑残害人，人们恨透了蛊雕。

好在这种凶兽生性懒惰，每次吃饱后就会呼呼大睡，一觉睡上十年。人们就想在它睡觉的时候将它杀死，可四处寻找都找不到它的藏身之地。

天上的雷神听到这件事后，十分同情人们的遭遇，就在一个电闪雷鸣的夜晚，将蛊雕背后的毒钩和头上的角斩掉，并把它赶到了荒野。从此以后，蛊雕才从人们的生活中消失。

> **原典重现**

> 又东五百里，曰鹿吴之山，上无草木，多金石。泽更之水出焉，而南流注于滂水。水有兽焉，名曰蛊雕，其状如雕而有角，其音如婴儿之音，是食人。
>
> ——卷一·南山经

蔥聋

符禺山上的红须羊

上古时期，符禺（yú）山上盛产铜和铁，山上的溪流汇聚成符禺河，向北流入渭河。符禺山上长着连片成林的文茎树，文茎树的果实形状和味道都像枣，吃起来又甜又脆，而且，它最大的功效是吃了可以治疗耳聋。

文茎树下生长着一种名字叫"条"的草，它的形状和蜀葵差不多，开红色的花，结黄色的果实，果实的形状像婴儿的舌头，人吃了它就不会被迷惑。

在这些草丛中生活着一种长着红色胡须的野兽——蔥聋，它的样子和羊一样，温顺而安详。蔥聋经常成群结队地在符禺河边饮水觅食，它们吃饱后就会安静地卧在草地上休憩，而有些小蔥聋会"咩咩"叫着、跳着来回奔跑。有一些与翠鸟相仿的红嘴巴鸥（mín）鸟在碧绿的水草间飞来飞去，偶尔也会在蔥聋的头顶上歇歇脚，不一会儿，却被调皮的小

葱聋追着远远飞走了。

葱聋

每年到了秋高气爽的季节，傍晚，夕阳西下，晚霞映红了天边的白云。远远望去，符禺河蜿蜒着流向山下，河边三五成群的葱聋走走停停，鸥鸟叽叽喳喳地叫着准备回巢，近处，红红的文茎果像枣子一样挂满枝头，树下的条草在晚风中轻轻晃动黄色果实。大自然把这一切和谐地搭配在一起，如同一幅颜色鲜明的画，好看极了！

原典重现

　　又西八十里，曰符禺之山，其阳多铜，其阴多铁。其上有木焉，名曰文茎，其实如枣，可以已聋。其草多条，其状如葵，而赤华黄实，如婴儿舌，食之使人不惑。符禺之水出焉，而北流注于渭。其兽多葱聋，其状如羊而赤鬣。

——卷二·西山经

豪彘

射箭小能手

很久很久以前，盛产铁矿的竹山上有很多乔木，这些高大的乔木下生长着一种名叫黄藿（guàn）的草，它的形状像臭椿树，叶子和麻叶一样，黄藿会开出白色的花，结红褐色的果实，果实的形状像赭石，别看它的果实其貌不扬，可如果用它来洗澡的话，就能够治疗皮肤上的疥疮和浮肿。

竹水从竹山上发源，向北流入渭水，竹水的南面生长着很多细竹子，很多灰白色的玉石堆在竹子根部。丹水也从竹山发源，向东南流入洛水，水中有很多水晶，娃娃鱼在这些水晶上爬来爬去。山中有一种野兽叫豪彘（zhì），它的形状像猪，浑身长着白色的毛，毛如同簪子一般粗细，尖端是黑色的，它特别调皮，每天在草地和河边穿梭、奔跑，开心极了。

我们知道，《山海经》原著中，很多动物在现实生活中可以找到原

型，那么，豪彘是什么动物呢?

有人推测，豪彘就是现在的豪猪。

豪猪看上去有些笨头笨脑的，但它的身体非常强壮，背上长满了尖刺，像一根根利箭，非常坚硬又锐利，这些刺中间是空的，很容易脱落。遇到危险时，豪猪就直立起来，将身体背向敌人，那些尖刺会像箭一样刺向对方。小豪猪出生时就带刺，不过这时候刺很柔软，十多天后才会变硬。

豪猪经常栖息在低山和丘陵上很茂密的森林深处，它们白天会躲在洞穴中呼呼大睡，到了晚上，夜深人静的时候，它们才会成群结队地出来找吃的。

豪猪和它们的祖先豪彘一样，没有什么特殊法力和寓意，只是一群开心快乐、无忧无虑的小野兽而已。

原典重现

又西五十二里，曰竹山，其上多乔木，其阴多铁。有草焉，其名曰黄藿，其状如樗，其叶如麻，白华而赤实，其状如赭，浴之已疥，又可以已腑。竹水出焉，北流注于渭，其阳多竹箭，多苍玉。丹水出焉，东南流注于洛水，其中多水玉，多人鱼。有兽焉，其状如豚而白毛，大如笄而黑端，名曰豪彘。

——卷二·西山经

朱厌

象征战事的凶兽

很久很久以前，在森林繁茂的小次山上生活着一种野兽，它看上去像猿猴，但长着白色的脑袋、红色的脚，它的名字叫朱厌。古人认为朱厌是上古四大凶兽之一，它的行动敏捷、性格暴戾，它的出现，意味着将会天下大乱、民不聊生。

为什么会这样认为呢？

相传，朱厌生活的小次山上盛产铜和玉石，依山而居的两个部落为了争夺矿产，常常兵戎相见、大打出手，时间久了，双方伤亡都很严重。其中一个部落就开始捕捉小次山上的朱厌，驯养它们去另一部落偷袭，让它们推倒房屋、伤害百姓。另一个部落的人猝不及防，损伤很大，他们莫名其妙，为什么这些朱厌会袭击他们呢？派人打探到消息后，他们也开始驯养朱厌对阵。这样打来打去十多年，也没分出胜负，他们都厌倦了这样的生活，就握手言和，把那些朱厌放归山林，不再争战。

那些经过十多年驯养的朱厌已经养成了争战的习惯，这个习惯可改不了。即使两个部落和平相处了，朱厌也会时常出来，见房屋就推、见人就打，于是，人们就把朱厌看作是凶兽。但不知他们是否反思过，造成朱厌如此行径的，其实是人们自己啊。

朱厌到底是什么动物呢？

有人推测朱厌可能是一种白头叶猴。白头叶猴有瘦瘦的身躯，细长的四肢，头上有一撮白色上翘的毛发，远远望去很像一顶滑稽的白色尖

顶瓜皮小帽扣在头上。

白头叶猴是特别珍稀的动物，全球仅存约一千只，被列为"极危"级别。它们生活在广西壮族自治区一个狭长的三角形地带，以树叶为食，白头叶猴性情机警，十分活泼、好动，因为长长的尾巴有极好的平衡作用，所以它们在高大的树顶间跳跃、在悬崖峭壁上攀爬时，可以如履平地、行走如飞。

原典重现

又西四百里，曰小次之山，其上多白玉，其下多赤铜。有兽焉，其状如猿而白首赤足，名曰朱厌，见则大兵。

——卷二·西山经

举父

崇吾山上的守护者

上古时期，崇吾山高高矗立在黄河南面，站在崇吾山山顶向北可以看到冢遂山，西面可以看到黄帝曾经与猛兽搏斗过的丘陵，南面可看见㟞（yáo）泽，东面可望到螞（yān）渊。

崇吾山中有一种树，长着圆圆的叶子、白色的花萼，红色的花朵上有一道道黑色的条纹，花落后，结出的果实与柑橘差不多。传说，人吃了这种果实就能使子孙兴旺发达。

这么珍奇的宝贝，怎么可能没有守护它的精灵神兽呢？没错，肯定有的，它就是举父。举父长得像猕猴，胳膊上有美丽的花纹，尾巴如同豹尾那样有力。它聪明伶俐，又有些顽劣，常常抓耳挠腮摸自己的头，还喜欢投掷东西。

除了投掷，举父还有个神奇的技能，那就是可以感应到人的善恶。举父常常站在树的高处眺望，如果有凶恶的人来摘果实，举父为了保护果子不被偷走，会用尾巴卷住树干把自己垂吊在树上，然后用四肢拿石块和树枝投掷来采食果实的人；但如果有善良的人来摘果子，举父不但不会投掷，反而会上到树梢帮助他们采摘。

相传，女娲当年抟土造人后，人类日出而作、日落而息，幸福地生活在大地上。可后来有一天，水神共工想要和颛顼争夺帝位，共工输了，他恼羞成怒，竟然把支撑天地的大柱子不周山撞倒了。不周山倒了，天也就倒下了半边，水、火、猛兽在大地上肆虐，渺小的人类面临着从未有

过的大灾难。

女娲目睹了这一切后，便开始拯救人类。最后，天补上了，又治水、灭火、消灭猛兽，使人们重新过上了安乐的日子。可经过这次灾难，人类伤亡多半，女娲为了让人类恢复壮大，就在距离不周山东南七百里的崇吾山上种下了有利子孙兴旺的树，又创造了守护树的神兽举父，并教会举父分辨善恶。

如此看来，举父没有辜负女娲的教导，可以称得上是位尽职尽责、明辨是非、惩恶扬善的祥瑞之兽。

原典重现

西次三经之首，曰崇吾之山，在河之南，北望冢遂，南望晗之泽，西望帝之搏兽之丘，东望蠕渊。有木焉，员叶而白柎，赤华而黑理，其实如枳，食之宜子孙。有兽焉，其状如禺而文臂，豹虎而善投，名曰举父。

——卷二·西山经

狡

西王母的宠物狗

你喜欢养宠物吗？拥有宠物可以帮助人克服或避免孤独，可以让人情绪稳定、身心健康。于是，很多人都养了宠物。即使是掌管灾难、疫病和刑罚的西王母也不例外，只是这位实力派女神所养的宠物有些与众不同罢了。

西王母养的宠物名字叫狡（jiǎo），它看上去像身强力壮的狗，身上有豹纹一样的斑点，头上长着牛一样的犄角，发出的声音跟狗的叫声相像。能成为西王母的宠物，狡自然不是等闲之辈，相传只要狡出现在哪个国家，哪个国家就会风调雨顺，百姓获得大丰收，因此人们认为狡是祥瑞之兽。蓬发戴胜的西王母常常带着她的宠物狡在玉山上遛弯，有时也会随手捡起个小树枝扔出去，狡便会"汪汪"叫着飞奔过去叼起树枝，又快速跑回到西王母面前，开心地摇尾晃脑；当西王母去四处巡视或游玩

时，狡就不离左右地跟在身后。

有人推测：狡的出现预言丰收这件事，可能另有真相，认为带来丰收的是西王母，而不是她的宠物狡。只是狡时刻跟随在西王母身边，人们只要看到了狡的影子，就会知道西王母一定在

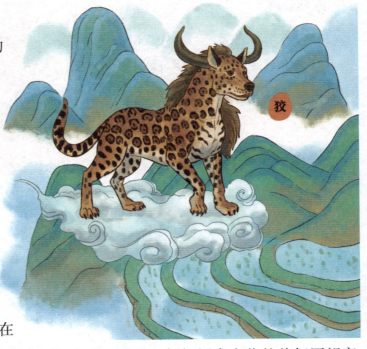

狡

附近，那个地方也一定会五谷丰登。于是，便把祈求丰收的美好愿望寄托在狡的身上了。

我们知道《山海经》不只是上古神话，还包括远古地理、风土、鸟兽鱼虫等。原著中的许多山川和动植物都已经在现实生活中找到了原型，那么狡的原型是什么动物呢？

有专家认为狡是一种斑鬣狗，它叫起来也是"汪汪"的声音和狗的叫声一样；它的耳朵是直立的，远远望去很像牛的角；身上的斑纹也和豹纹一样；而它出现的地方就会获得丰收是怎么回事呢？很可能是因为斑鬣狗以野兔和田鼠等毁坏庄稼的小动物为食，只要斑鬣狗出现的地方，这些小动物不是被吃掉就是会偷偷搬家逃走，那这个地方的庄稼当然就会大丰收了。

原典重现

又西三百五十里，曰玉山，是西王母所居也。西王母其状如人，豹尾虎齿而善啸，蓬发戴胜，是司天之厉及五残。有兽焉，其状如犬而豹文，其角如牛，其名曰狡，其音如吠犬，见则其国大穰。

——卷二·西山经

狰

洗心革面的祥瑞兽

你知道"狰狞"这个词语吗？这个词语用来形容样貌、性情或行为十分可怕的样子。相传，词语中的"狰"和"狞"是两种动物，它们是神兽白虎的儿子，它们长相凶恶、性格火暴、行事鲁莽，人们对它们很是惧怕。

也有人说，其实狰是祥瑞之兽，为什么两种截然不同的评价会出现在同一种动物身上？这种动物到底有什么样离奇的故事和传说呢？今天咱们就来看一看！

很久很久以前，神州大地西方有一座地势险峻的章莪（é）山，章莪山很是怪异，山中有水却寸草不生，许多奇形怪状的石头杂乱林立，一阵阴冷的山风吹过，让人感觉毛骨悚然、不寒而栗。可是，乱石堆中，却随地可见各种各样的美玉和青绿色的宝石。如果你想捡几颗美丽的玉石，那几乎是不可能的，因为山中生活着一种十分可怕的兽类，它的形状像红色的豹子，五条刚劲有力的尾巴如同钢鞭一样在身后高高竖起，脑门上还长着

一只粗壮丑陋的角，看上去非常凶悍。它吼叫起来，就像是敲击石头发出的铿锵声，声音巨大，震耳欲聋，它就是白虎的儿子"狰"。

狰的战斗力超强，它力大无穷，速度快如闪电，脾气又十分暴躁，一言不合就开打，它生起气来，就连熊、豹都不是对手，成为它的口中餐、腹中食。那些小动物更是常常遭到狰欺负、戏弄，可它们都敢怒不敢言。章莪山中有这样的凶兽日日游逛，因此，即使山上宝玉满地也没人敢去捡拾，毕竟生命才是最重要的。

人们很是害怕狰，便把和它同样凶恶的兄弟狞的名字合在一起，来表达令人可憎可怕的事物。所以就有了"狰狞"这个词语。

狰这么凶残，为什么有人说它是祥瑞之兽呢？

相传有一次天神烛龙从章莪山路过，不小心打扰到狰休息，从来称王称霸的狰怎么能忍受得了？一声长吼就扑向烛龙，它以为烛龙与它平日

里欺负惯了的其他动物一样，不料今天却是打错了算盘，只见烛龙身形一晃躲过了它的攻击，飞到空中，轻轻吹出一口仙气，便把狰裹在其中。狰何时受过这样的委屈，怒吼着挣扎，用尽全身力气依然无法动弹，到最后狰精疲力竭，才心服口服地认输。

此后，狰就跟在了烛龙身边，在烛龙的教导下，狰认识到自己以前的错误，慢慢变得礼貌、谦虚，并且看到对人们不利的邪魔，也会劝阻它们改邪归正，还会主动去帮助需要帮助的人。时间久了，人们对狰的看法渐渐改变了，认为它是一只瑞兽。

狰原来是可恶的，但后来仍然受到人们敬重和喜爱，为什么呢？这是它勇于承认自己的错误，并能及时改正。古人曾说过："人孰无过？过而能改，善莫大焉。"人不可能不犯错，但知道错误后及时改正才是正确的选择。

原典重现

> 又西二百八十里，曰章莪之山，无草木，多瑶、碧。所为甚怪。有兽焉，其状如赤豹，五尾一角，其音如击石，其名如狰。
>
> ——卷二·西山经

天狗

后羿的小宠物

白帝少昊居住的长留山向西延伸五百八十里的地方，有一座环境优美的山名叫阴山，阴山是青海的塔塔凌河的源头，蜿蜒的河水从阴山上绵延下来，向南注入柴达木湖而去。如果观察得再仔细一些，就会发现，在高原的白光反射下，不只是河水变得波光粼粼，水中有许多带花纹的贝壳也发着白色的光，耀目极了。

光彩斑斓的阴山上，有一只可爱的小兽在此安了家。它就是天狗，虽说天狗的名字带"狗"，但它的长相还是更多地与山猫类似，就连叫声也与山猫没有什么不同，唯一容易辨认的特征就是天狗头上的毛发雪白雪白的，和身上的毛发颜色截然不同。这样一来，天狗就很容易地从山猫群体中"脱颖而出"，十分轻易就可以分辨了。

神秘而浩渺的宇宙太大了，不能解释的现象也多得数不胜数。古时候，人们常常主观地将自然现象同怪力乱神联系起来，这样一来，就好似无限神秘的宇宙也终于有了依托和解释。

在无数劳动人民的口耳相传中，月食现象和日食现象也渐渐被染上了传奇故事的色彩。每当日食、月食现象出现时，人们就认为是天狗吃了月亮和太阳缺失的那一部分，为什么这么说呢? 这个传奇故事，还要从后羿与嫦娥说起……

相传，后羿和嫦娥原是一对十分相爱的夫妻，他们都是天上的神人，而天狗是后羿忠实的宠物。后羿射落天上的九个太阳之后，天帝一怒之下就把他连同他的妻子嫦娥一起打下凡尘。身在凡尘就免不了生老病死，为了长生不老，后羿历尽千辛万苦登上昆仑山，找西王母求取长生不老药。西王母很同情他们的遭遇，慷慨地给了他两颗灵丹妙药。这种丹药吃一颗可以长生不老，吃两颗就能飞到天上做神仙，后羿想着和妻子嫦娥一人吃一颗，两人就可以在人间长生不老地幸福生活。没想到，嫦娥却趁着后羿不在家，偷偷吃下两颗丹药，慢慢向天空飞去。

这一幕恰巧被天狗看见了，忠诚的天狗为主人后羿鸣不平，一跃而起，也追到天空。无处可逃的嫦娥只好躲进月亮里，护主心切的天狗急忙赶过去，一口吞下了月亮。天空少了月亮，这可不是件小事，天帝于是下令捉拿天狗。天兵天将把天狗捉拿归案，天帝问清楚事情的原委之后，被天狗的忠心感动了，最终

不仅赦免了天狗吞月的罪责，还封它做了守卫南天门的神狗，又另赐了两颗丹药给后羿，天狗这才将月亮吐了出来。而嫦娥也无颜再见后羿，只好在凄冷的月宫内过着孤独寂寞的日子。

从此以后，天狗吃月亮和嫦娥奔月的传说在人间不断地流传开来。

后来这件事也被诗人写进诗句中，最有名的是唐代李商隐的"云母屏风烛影深，长河渐落晓星沉。嫦娥应悔偷灵药，碧海青天夜夜心"。你还知道哪些相关的诗句呢？

原典重现

又西三百里，曰阴山。浊浴之水出焉，而南流注于蕃泽，其中多文贝。有兽焉，其状如狸而白首，名曰天狗，其音如榴榴，可以御凶。

——卷二·西山经

穷奇

作恶多端的凶兽

在很久很久以前，美丽的昆仑仙山西北边住着一只名叫穷奇的凶兽。关于它的长相和身世，有许多种版本。

有人说，穷奇生的十分巨大，身形像一只大老虎，还长着一双翅膀，如虎添上了翼；还有人说，穷奇住在一个名叫邽（guī）山的地方，身形和牛没有什么差别，浑身上下长满了如同刺猬的刺一般的长毛。尽管众说纷纭，但是不可否认的是，在历史的流转变换中，穷奇始终是以凶兽的形象出现在人们面前。不仅人类畏惧它，连神仙也避之唯恐不及。

穷奇的恶名并非空穴来风，它性情凶恶，最喜欢的事情就是"惩善扬恶"了。穷奇虽然是兽，却听得懂人的语言。如果听到了哪里有人争吵，就会马不停蹄地赶过去看热闹。穷奇总是喜欢站在无理的一方，为无理的人狡辩，气极了的时候还会一口将有理的一方的鼻子吃掉。遇到奸佞的小人，穷奇总是欢欣鼓舞，像是看到了知己一般，将自己捕猎得到的野兽送给这些人，以鼓励他们继续作恶一方；遇到了良善的好人，穷奇就会大发雷霆，如同见到了妖魔鬼怪一般，不仅十分厌恶，有时候还会一口吃掉这些好人。

给逍遥的恶人奖励猎物，用良善的好人充饥，如此混淆是非的凶兽，天底下大概也只有穷奇了，上古时期四大凶兽之一可不是浪得虚名的！

作为四大凶兽之一，尽管穷奇的行为如此怪异，各路人神都对其敬而远之，但它也并不是只做这些害人的勾当。有时候，合理地利用不好

的事情，反而能够取得出人意料的效果。这么邪恶的凶兽，用来震一震那些小妖小怪，小妖怪们岂不是分分钟胆子就被吓破了？

事实上，历史中也确实出现了这样的记载，记录了人们在一年一度的驱鬼仪式中，将穷奇奉为十二种吞食恶鬼的野兽之一，成功镇住了各路的妖邪鬼怪，因为害怕穷奇一口将它们吞噬，这些小妖怪只能躲到不见天日的深山老林里，再也不敢为非作歹了。

原典重现

又西二百六十里，曰邽山，其上有兽焉，其状如牛，猬毛，名曰穷奇，音如獆狗，是食人。

——卷二·西山经

穷奇状如虎，有翼，食人从首始。所食被发。在蜪犬北。一曰从足。

——卷十二·海外北经

傲𢓁

逢凶化吉的异兽

上古时期，掌管着天下刑罚、灾难和疫病的西王母养着三只青鸟，这三只青鸟长着红色的羽毛、黑色的眼睛，它们每天替西王母叼来食物和日用品，它们就栖居在三危山。这座山方圆百里，砂石遍地，草木不生，有三座山峰高高耸立。和三青鸟做邻居的是一种叫傲𢓁（ào yē）的野兽，它样子长得像牛，头上长着四只角，身上覆盖着白色厚实浓密的长毛，如同披着一件白色的蓑衣。

傲𢓁和现在生活在青藏高原的白牦牛唯一的区别是头上多了两只牛角。白牦牛全身白色，身体高大，毛又长又密，夏天为了避暑，人们会将它的长毛剪去，而一到冬天，它的毛就又会长长地披在身上了。这些长长的毛发，就像一件特别保暖的皮衣包裹住白牦牛，所以它有相当强的抗寒能力，即使霜雪冰凌覆盖身体，它也能昂首阔步、精神抖擞，人们赞誉它为"雪域之舟"。

有人说，傲𢓁就是白牦牛的先祖，这当中，还有一个美丽的故事。

相传，很久很久以前，一个游牧部落依靠放牧为生，他们居无定所，终年逐水草而居，哪里的水草丰美，他们就迁徙到哪里。有一年冬天，他们需要将部落迁徙到一个相对温暖的地方去，连续几天日夜不停地赶路，虽然很累，但他们都很开心，因为再翻过一座山后，就可以到达目的地了。

当他们满心欢喜地驱赶着牛羊走到山口时，却被眼前的景象吓坏了：

只见山口处盘卧着几头从未见过的灰色怪兽，它们虎视眈眈地望着牧民和牛羊，慢慢站起身，发出一阵阵沉闷却骇人的低吼，牛羊们被吓得有的浑身哆嗦着不敢动弹，有的哀叫着转头往回跑去；部落里的人们一时间没反应过来，眼睁睁看着那几只怪兽越来越近，也噤声屏气，不知如何是好。

正在这紧要关头，忽然一只浑身雪白、有四只犄角的神兽从天而降，挡在了怪兽们面前。眼看着美味的食物就到嘴边了，那几只怪兽岂肯罢休，它们吼叫着扑向白色的神兽，扭打在一起。部落里的人只看到四周烟尘飞扬，巨大的嘶吼声震彻大地，这一仗从早上打到傍晚，太阳落山的时候，声音才逐渐平息。

待烟尘慢慢散去，人们看到那几只怪兽都被杀死了，而白色神兽头

上的四只犄角也只剩下两只。后来，人们才知道，这只神兽就是徽狛。

为了救人，徽狛头上的犄角从四只变成了两只，才成了白牦牛现在的模样。

> **原典重现**
>
> 又西二百二十里，曰三危之山，三青鸟居之。是山也，广员百里。其上有兽焉，其状如牛，白身四角，其豪如披蓑，其名曰徽狛，是食人。
>
> ——卷二·西山经

獾
无所畏惧的三尾兽

很久以前，翼望山虽然光秃秃的寸草不生，但它仍然是人们公认的宝山，因为山中到处是耀眼的黄金和玉石。日日与这些宝玉为伴的是一种叫獾（huān）的异兽。它的形状与狸猫相似，脸上只长着一只眼睛，身后却拖着三条尾巴。它的叫声很响亮，仿佛能盖过各种声音，人们可以用它来防御凶险，食用它可以治疗黄疸病。

专家认为，獾就是现在的獾（huān），你知道獾这种动物吗？獾的种类很多，有狗獾、猪獾、狼獾、鼬獾、蜜獾等。它们皮毛很厚实，浑身肥嘟嘟的，四肢很短，有尖尖的鼻子和小小的眼睛。它们是杂食性动物，喜欢挖洞，经常几只十几只地聚集在一起。

　　蜜獾绝对可以称得上是獾中的老大，它外表看起来有些呆萌，性格却和外表相差甚远。它特别聪明，还是世界上最无所畏惧的动物，个子不大胆子却特别大，脾气也十分凶残暴躁。它从不知道什么是恐惧，看谁不顺眼就开打，只要是认为威胁到自身安全的，它就会主动出击，不达到目的不罢休，就是狮子、老虎对它也畏惧三分。

　　曾经有人在野外时不小心误踩到一只蜜獾，那只蜜獾就锲而不舍地咬着那只踩到它的鞋子，足足咬了六个小时不松口。

　　有人说它"不是在打斗，就是在去打斗的路上"，生动地描述了它爱打斗的个性。

原典重现

> 西水行百里，至于翼望之山，无草木，多金、玉。有兽焉，其状如狸，一目而三尾，名曰谨，其音如夺百声，是可以御凶，服之已瘅。
>
> ——卷二·西山经

白鹿和夫诸

外形相仿、性情相反的两异兽

你知道白鹿这种异兽吗? 白鹿状如普通鹿，全身毛色洁白，头上长着两只美丽的鹿角，是一种祥瑞之兽。

相传，白鹿生活在上申山，山上随处可见奇形怪状的巨大石头，没有草木；山下长着很多高大的榛（zhēn）树和楛（hù）树。汤水从上申山发源，向东流入黄河。形状像野鸡一样的鸟儿当扈每天在汤水边喝水，在树林里鸣叫着飞来飞去，有时也会飞到白鹿身上休息一下，白鹿也不打扰它，依然高高昂着头，顶着树杈状美丽的鹿角在山中漫步。

上古时期，白鹿是珍贵瑞兽，有一种特殊含义，是优雅、温顺、吉祥的象征，民间也流传着许多有关白鹿的故事。据说，一只鹿修炼一千年才会白首，再修炼八百年才会皮毛皆白，自古以来只有在政和治清时白鹿才会出现，而只要见到它就会有好运。远古时期的蒙古人，也把白鹿和苍狼作为他们的图腾。

西周时期，周平王在一天清晨登上高台，突然看见一只浑身洁白的美

丽小鹿，嘴里衔着火红的灵芝，姿态优雅、步履轻盈地在河边漫步。白鹿看到周平王后，就向河中跑去，一会儿就消失不见了。但自此，白鹿经过的地方皆成良田，百姓安居乐业。于是，人们就把这个地方命名为"白鹿原"，以纪念那只为他们带来丰收和安宁的白鹿。

在古代，有很多诗人写过有关白鹿的诗篇，著名的有李白的"别君去兮何时还，且放白鹿青崖间"，白居易的"独寻秋景城东去，白鹿原头信马行"。

白鹿是一种吉祥的神兽，可和它仿若同胞的夫诸却是令人谈之色变的凶兽。下面，我们来看一下这种异兽。

很久以前，遥远的敖岸山是座树木繁茂、宝藏众多的山，山的南面有很多琈珤（tū fú）玉，北面有许多红土、黄金。一位名叫熏池的神就住在这座山里，熏池经常悠闲地在山中散步，捡拾美丽的玉石。累了的时候，他会坐下来眺望远处的风景，从山顶向北可以看见黄河岸边的树林，远远望去，像是茜草或榉树，可以发动洪涝灾害的夫诸也生活在这座山中。

夫诸的颜色、形状和白鹿很像，从外表区分它们的唯一标志就是：白鹿头上有两只角，而夫诸头上长有四只。夫诸喜欢兴风作浪，伴随着它的出现，总是会洪水肆虐、巨浪滔天。洪水咆哮着冲毁良田和房屋，人们没有食物和住所，有的人竟被活活饿死，人们很是讨厌夫诸，就祈求上天收服它。后来，夫诸被水神共工打败，就一直跟随着共工，成了他的坐骑。

因为夫诸和白鹿长得相像，也让很多人误解这个给人带来恐怖水灾的异兽就是白鹿呢。

原典重现

又北百二十里，曰上申之山，上无草木，而多硌石，下多榛、楛，兽多白鹿。其鸟多当扈，其状如雉，以其髯飞，食之不眴目。汤水出焉，东流注于河。

——卷二·西山经

中次三经荥山之首，曰敖岸之山，其阳多㻬琈之玉，其阴多赭、黄金。神熏池居之。是常出美玉。北望河林，其状如茜如举。有兽焉，其状如白鹿而四角，名曰夫诸，见则其邑大水。

——卷五·中山经

白狼和白虎

上古的祥瑞之兽

从前，遥远的盂（yú）山在古人眼中是座神圣的山，山的北面有很多铁，南面有很多铜，山上的溪流汇成生水，向东流入黄河。山中的野兽白狼、白虎和鸟类白雉、白色的长尾野鸡等常常在生水边喝水、觅食。

虎、狼给人的印象是残忍凶狠，但如果它们是白色的，那性质就不一样了。古人对于白狼、白虎有极高的信仰，认为它们意味着祥瑞。

白狼

晋代的郭璞曾说："白狼是高贵的动物，只出现在有道德的国度。"白狼的出现意味着明君降世，只有明君才能看得见白狼。

相传，商汤灭了夏朝建立商朝时，一只白狼口中衔着钩子跑进了朝堂；也有人说，是一位神仙牵着一只白狼从天空的云端进入殿堂。人们认为商汤是上古贤君，他建立的朝廷有白狼进入，就说明白狼是圣德的象征。还有一个故事，说起来更离奇：周穆王时期，周围的部落总是骚扰边境，百姓们很是烦忧，周穆王决定攻打那个部落，可走到半路时，发现有四只白狼和白鹿卧在路上，挡住了去路。周穆王大喜，认为这是上

天给他的昭示，肯定他是一位圣贤的明君，于是命令将士们带着白狼白鹿班师回朝，仗不打了。

白虎是神话传说中的上古神兽，与青龙、朱雀、玄武共称四大神兽。传说，它是战伐之神，拥有降伏鬼怪的能力，法力无边可令妖邪胆战。很多故事里，也把威猛的将士说成为白虎星转世，如唐代大将罗成、薛仁贵等。

那为什么说盂山是座神圣的山呢？因为古人认为白狼和白虎都是祥瑞之兽，爱屋及乌，自然它们栖息的地方也就与众不同了。

白虎

原典重现

又北二百二十里，曰盂山，其阴多铁，其阳多铜，其兽多白狼、白虎，其鸟多白雉、白翟。生水出焉，而东流注于河。

——卷二·西山经

神魃

刚山上的异兽

　　距离白狼、白虎的家乡孟山西边大约八百里有座山叫刚山，刚水从山上发源，向北流入渭河，山中长着很多茂盛的漆树，还有很多被称为琈珨的美玉。美玉虽多，但从没有人敢来捡拾，因为山中有一种名叫神魃（chì）的异兽，它长得很是恐怖，不但人面兽身，而且还只有一只手、一只脚，叫声像人的呻吟声，听起来让人特别难受。

　　郭璞曾说，神魃就是魑魅（chī mèi），它是山里的异气所生，喜欢害人。据说它有一种技能就是善于迷惑人，神魃总爱偷偷躲藏在山林的角落里，发出一阵阵像是人生病时痛苦的哼哼声，如果有人正好路过，以为是谁生病，走过去想帮助时，它就会跳起来，一口把人吞进肚子里。能利用人的同情

神魃

心，想想神魂还真的很坏。后来，人们常常用"魑魅魍魉（wǎng liǎng）"来形容各种各样的坏人。

不过，神魂胆子却特别小，它只会躲藏在阴暗处，不敢到阳光下，甚至强烈的光芒就可以把它吓跑。

相传，大禹建立夏朝后，收九牧之金在荆山下铸造了九个宝鼎，据说宝鼎非常庞大，每一个都要九万多人才能拉得动。又让人把九州的山水和魑魅魍魉、毒虫恶兽等画成图像献上来，把这些图像都雕刻在鼎上，并把鼎摆放在宫门外，使人一看就知道哪些地方有什么害人之物，预先防备，让人们警惕，防止被其伤害，百姓外出再也不会因为无知而害怕了。

> **原典重现**
>
> 又西百二十里，曰刚山，多柒木，多㻬琈之玉。刚水出焉，北流注于渭。是多神魂，其状人面兽身，一足一手，其音如钦。
>
> ——卷二·西山经

蛮蛮

洛水里的建筑师

《山海经》原著中有两种动物叫蛮蛮，一种是崇吾山上形貌像野鸭、长着一只翅膀和一只眼睛的比翼鸟蛮蛮，另一种是我们现在要去看一看的异兽蛮蛮。

在刚山往西走二百里，就到了刚山的山尾。洛水从这一带发源，向北流入黄河，水中有很多蛮蛮。蛮蛮长着像老鼠一样的身子，却有着鳖一样的脑袋。它如果叫起来，发出的声音如同小狗的汪汪声一般。

蛮蛮

有动物学家认为，蛮蛮就是现在的河狸。河狸是国家一级保护动物，是一种水生啮齿动物，身体胖胖的，脖子短，眼睛小，有两颗厉害的大门牙，可以啃断很粗的树木，它的主要食物是嫩树枝，是素食主义者。

河狸善于游泳和潜水，经常夜间活动，白天很少出洞，自卫能力很弱，非常胆小，喜欢安静的环境，一遇惊吓和危险就会立即跳入水中。为了躲避天敌，它们进化出了特殊的本领——筑巢、垒坝，也因此，河狸被誉为自然界顶级的建造师。我们来看一看它是怎样获得这个称号的吧！

河狸经常在近水处筑巢，巢室用枝条和泥土搭成，它们将巢室建造在地面，而入口在水中。河狸将芦苇和树枝等咬成细而柔软的纤维状小条，铺垫在巢室内。洞巢由多条洞道相连而成，内有数个透气孔，透气孔的开口都隐蔽在岸上的树根下，很难发现。因为透气，所以虽然在水

边，但巢穴内却很干燥。

除了筑巢，河狸这个勤劳的"小建筑师"还有个独特的本领就是垒坝。当它来到一个新的地方或者它居住的地方水位下降时，为了不让自己的家门口露出水面，河狸总是孜孜不倦地用树枝和石块等垒成堤坝蓄水。它们还会用坝阻挡溪流的去路，改变水流的方向，有时，为了将建筑材料搬运到筑坝地点，河狸甚至会挖百十米长的运河。河狸修坝蓄的水，小一点的汇成池塘，大的可以成为面积达数公顷的湖泊。由此可见，这个身体小小的顶级建造师称号并非浪得虚名。

原典重现

又西二百里，至刚山之尾。洛水出焉，而北流注于河。其中多蛮蛮，其状鼠身而鳖首，其音如吠犬。

——卷二·西山经

駮

中曲山上的食虎兽

如果有人问你，陆地上最厉害的动物是什么？你一定会毫不迟疑地回答：是老虎！是的，在人们的印象中，老虎一直是兽中之王，处于食物链的顶端，但是老虎真的就没有克星了吗？让我们在《山海经》中找一找答案。

从冉遗的家乡英鞮（dī）山出发，往西走三百里有座山叫中曲山，中

驳

曲山南面有很多玉石，北面有很多雄黄、白玉和黄金。山上长着很多名字叫櫰木的树，它们和棠梨树差不多，有圆圆的叶子，结着大小如同木瓜一般的红色果实，人们若是吃了这种果实，浑身就会有用不完的力气。

山中还生活着一种名字叫驳（bó）的异兽，它的形状非常像马，长着白色的身子、黑色的尾巴，它有老虎一样的牙齿和爪子，但比虎豹更凶猛，能一口咬断老虎的脖子，它头上长着一只坚硬无比的角，可以轻松地将岩石击得粉碎，发出的叫声很像击打鼓的声音。驳可以震慑百兽，如果它在森林行走，无论飞禽还是走兽，只要感受到它的气息，都会伏在地上，俯首噤声一动不动。如果有谁可以骑上它，不但可以抵御战争的伤害，还可以躲过自然灾害。

看到这里，你会不会充满了疑问：是不是太夸张了，真有这么厉害吗？看它的外形也没有什么特殊的地方啊！可世间万物就是这么神奇，一物降一物，虎豹见了驳就像耗子见到猫一样，伏在地上不敢动，任由驳宰割。

相传，有一次齐桓公骑着马外出，半途中遇见一只老虎，齐桓公很是慌乱害怕。正当他不知如何是好时，却惊奇地发现，老虎不但没有向他扑过来，反而趴在远处的地上一动不动。

齐桓公回去后说了这件事，并问管仲："那只老虎是怎么回事啊？"博学多识的管仲回答说："您一定是骑着那匹高头大马迎着太阳奔跑吧？"齐桓公说："是的。"管仲哈哈一笑说："不是那只老虎的问题，是您所骑的马，当时的情形一定让它看起来很像是驳，驳吃虎豹，老虎、豹子都怕它，不只这只老虎不敢动，是所有的虎豹见了它都不敢动啊。"齐桓公这才恍然大悟。

由此可见：陆地上最厉害的动物应该是驳了，你认为呢？

原典重现

又西三百里，曰中曲之山，其阳多玉，其阴多雄黄、白玉及金。有兽焉，其状如马而白身黑尾，一角，虎牙爪，音如鼓音，其名曰驳，是食虎豹，可以御兵。有木焉，其状如棠而员叶赤实，实大如木瓜，名曰櫰木，食之多力。

——卷二·西山经

孟槐

守护正义、抵御灾祸的异兽

如果有一天，你偶然走到何罗鱼的家乡谯（qiáo）明山上，除了听到何罗鱼的犬吠声外，好像还有猫的叫声以及谁在用辘轳抽水的声音时，不要惊奇，这都只是何罗鱼的邻居孟槐发出的声音。孟槐看起来像豪猪，但它身上却长着赤红色的软毛，这些软毛轻柔保暖，可以抵御很强的寒冷。

千万别小看这个不起眼的小家伙，郭璞曾在《图赞》中说："孟槐似貆，其豪则赤。列象畏兽，凶邪是辟。"意思是说：孟槐长得像豪猪，身上的毛是赤红色的，它被记入畏兽之列，可以辟凶邪。

相传，凶兽穷奇一直谋划要做一些惊天动地的大事，好让自己可以名扬天下。穷奇的恶名大家都知道，它最喜欢的事情就是"惩善扬恶"，如果听到有人争吵，就会马不停蹄地赶过去

站在无理的一方为之狡辩，它混淆是非，给恶人奖励猎物，用良善的好人充饥，真可以称得上是无恶不作。而穷奇的克星就是孟槐，它让人们明辨是非，不受穷奇蛊惑。孟槐虽然看上去个子小小的，可它凭借自己的智慧和勇气，经常粉碎穷奇的"坏事"计划，守护善良、正义和人们的安宁、快乐。

天长日久，孟槐名声在外，人们相信它可以御邪辟凶，十分灵验，灵验到什么程度呢? 据说，抵挡邪祟甚至不用它亲自出马，贴出它的画像就可以达到同样的效果，于是后来人们便常常按照它的样子画像，悬挂在家里辟邪。

原典重现

又北四百里，曰谯明之山。谯水出焉，西流注于河。其中多何罗之鱼，一首而十身，其音如吠犬，食之已痈。有兽焉，其状如貆而赤豪，其音如榴榴，名曰孟槐，可以御凶。是山也，无草木，多青、雄黄。

——卷三·北山经

耳鼠

会飞的小可爱

耳鼠生活在植被茂密的丹熏山，山上的臭椿树和柏树成片连林，树下长着旺盛的韭菜和薤(xiè)菜，山中还有很多可用作颜料的丹雘(huò)。众多的溪流汇成熏水，从山上奔流而下，向西流入棠水。耳鼠就

耳鼠

生活在这生机勃勃的地方，它的形状像老鼠，却有着兔子一样的脑袋，麋鹿一样的身体，发出的声音如同小狗的"汪汪汪"声，而且，它可以凭借自己的尾巴在树木和岩石间飞行。耳鼠多可爱呀！然而，"可爱"仅仅是外表，耳鼠最有利于人的是它自身的价值，它的肉既可以治疗肚子胀大的病，又可以抵御百毒侵害。

人们是怎么知道耳鼠的药用功效呢？

相传，很久以前，丹熏山下有一个部落，部落里的人们生活平静又幸福。可是，忽然有一天，他们平静的生活被打破了，很多人都得了一种奇怪的病，生病的人肚子胀大如鼓，十分痛苦，吃了许多药都不管用。部落的首领寻想要解除人们的疾苦，他日思夜想，寝食不安。有一天晚上，忙了一天的寻刚刚躺下，就见一位手拄拐杖的白胡子老人出现在他面前，说："我是丹熏山的山神，人们的病只有一种药可以医治，那就是山中会飞的耳鼠。"说完就不见了。原来，寻的诚心感动了山神，山神特意来为他指点迷津。

第二天，寻就出发上山找耳鼠了。他爬上山崖，淌过熏水，穿过长满野韭菜的草地，来到柏树林。忽然树上传来一阵如同小狗的“汪汪”叫声，寻抬头看，发现很多有着兔子脑袋、麋鹿身体的“老鼠”在树上飞来飞去。“这一定就是耳鼠了。”寻想。

傍晚时，耳鼠一只只飞回崖边的巢穴，寻抓了很多只，放进随身携带的口袋里就下山了。

回到部落里，寻发现耳鼠不但可以医治人们的肚胀病，还可以抵御百毒侵害。于是耳鼠的功效就慢慢流传开了。

长相可爱，又有如此药用的耳鼠，你不想养一只当宠物吗？

原典重现

又北二百里，曰丹熏之山，其上多樗柏，其草多韭薤，多丹雘。熏水出焉，而西流注于棠水。有兽焉，其状如鼠，而菟首麋身，其音如獆犬，以其尾飞，名曰耳鼠，食之不睬，又可以御百毒。

——卷三·北山经

孟极

善于隐藏的雪山之王

从耳鼠的家乡丹熏山出发，往北走二百八十里有座宝藏之山，名字叫石者山，泚水从山上发源，奔流而下向西注入黄河，山上草木不生，有

无数的宝石和碧玉。

虽说山中遍地美玉，但没有人敢来捡拾，因为山中有一种野兽，它的形状像豹子，额头上有花纹，全身其他部位都是灰白色的，花纹与裸岩上的斑块十分相似。它有极强的伪装隐匿能力，如果潜伏隐藏起来，很难有人能找得到，除非它自己

叫，才可以循着声音找到它。因为它的叫声是"孟极、孟极"，所以人们为它取名叫"孟极"。

孟极日夜在石者山上守护，它行动迅速，动作敏捷，巨大有力的爪子使它在陡峭的山坡上如履平地，身上的皮毛是它独一无二的战袍，如果隐藏得巧妙，那些上山寻宝的人甚至踩到它的尾巴也发现不了。有这样的守护者，谁还敢上山寻找宝石呢？

据动物学家考证，孟极就是现在的"雪山之王"——雪豹，而《山海经》是世界上最早记载雪豹的书籍。

雪豹的毛既浓密又柔软，后背上最短的毛也有五六厘米长，浓密的毛可以减缓热量在空气中的散发，帮助雪豹抵御严寒。

雪豹生活在又高又险峻的高原雪山上，栖身于陡峭的向阳山坡的岩洞里，洞口十分隐秘。因为善于藏匿，人们很少见到它。有人说它是自由不羁的高傲贵族，也有人说它是嗜血如命、常年与孤独相伴的幽灵。

相传，很久以前，在一个雪山脚下神秘的山谷里，有一个村庄，生活着勤劳善良的人们，村里有一位美丽可爱的小姑娘。一天，小姑娘在村外捡到的一只受伤的小雪豹，就带回家中为雪豹包扎伤口，喂它食物。几天后，雪豹伤好了，小姑娘将雪豹放回了村外的树林中。

过了几年，几只怪兽袭击了村庄，小姑娘和村子里的人都被怪兽虏去了。当人们踉踉跄跄被怪兽赶着走时，一只高大的雪豹出现在怪兽面前，怪兽们看到雪豹，眼中满是惊恐，浑身颤抖着，掉转头跑远了。小姑娘这才看出，原来雪豹就是当年她救治的那只。

人们高兴地返回家中，将雪豹奉为守护神。后来，那只雪豹时常在村外出现，而怪兽们再也没敢来过。

在很多国家的神话传说中，雪豹的地位颇高。有些部落的图腾就是雪豹的形象，还有一些部落将其奉为雪山守护神。

即使地位如此之高，又善于藏匿，雪豹的数量仍然因为种种原因在日益减少，如今，野生雪豹的数量比大熊猫还要少。

如果有一天，雪山上再也没有了"雪山之王"的身影，那该是件多么让人遗憾又伤心的事啊！

原典重现

又北二百八十里，曰石者之山，其上无草木，多瑶、碧。泚水出焉，西流注于河。有兽焉，其状如豹而文题白身，名曰孟极，是善伏，其鸣自呼。

——卷三·北山经

诸犍

将尾巴视若珍宝的异兽

从蔓联山出发，向北走一百八十里，有一座单张山，这座山上到处怪石嶙峋，寸草不生。诸犍（jiān）这种集人、豹、牛于一身的野兽，就在光秃秃的山中藏身。

诸犍身形看起来像凶猛的豹子，却有人一样的脑袋，两只牛的耳朵，脸上只有一只眼睛，身后还拖着一条比身体还要长的尾巴，它经常大声吼叫，声音响若惊雷，震彻山谷。

诸犍特别爱惜自己的尾巴，悠闲的时候，它会用舌头当梳子舔舐梳理尾巴上的毛，行走时用嘴衔着尾巴，睡觉时就将尾巴盘曲起来放在耳边。如果谁觉得好奇，多看了一眼，它认为对方觊觎（jì yú）它的尾巴，就会第一时间跑过去把对方撕得粉碎。

诸犍为什么对自己的尾巴视若珍宝呢？因为这条尾巴原

诸犍

来并不属于它。相传，在上古时期，拥有明显豹形特征的，一般是地位比较高的神或兽，比如西王母、武罗、长乘等。诸犍本来是一只野猫，当年，青要山女神武罗帮助黄帝收服蚩尤残部的战争中，诸犍投奔到武罗部下。在武罗仙子的教导下，诸犍日夜修炼，才化为豹形，然而它的尾巴却还是一条细细的小猫尾，怎么也长不成它理想中有力的豹尾。

诸犍很苦恼，可它不是继续努力，而是动起了歪心思。它趁武罗仙子不在之时，偷偷来到武罗房中，拿走了挂在墙上的一条豹尾，装在自己身后。

有了豹尾的诸犍兴奋极了，它跑到荒野，一边开心地跑、跳，一边大吼大叫，甚至一只眼睛被带刺的灌木划伤，也没有感觉到疼。可等那股兴奋劲过去后，诸犍又开始害怕和后悔，它怕武罗仙子找到它要尾巴，后悔自己一时冲动偷拿了豹尾。

然而最后，对豹尾热切的喜欢使诸犍没有改正错误，而是做了另一种选择。它跑到距离青要山很远很远的单张山上躲藏起来，从此不敢再到山外，生怕被武罗仙子找到。

诸犍为了满足自己的欲望，不努力修炼，虽然有了豹尾，却没有成为地位更高的神兽，反而在相反的道路上越走越远，最后，在单张山上束缚住了自己的一生。

原典重现

又北百八十里，曰单张之山，其上无草木。有兽焉，其状如豹而长尾，人首而牛耳，一目，名曰诸犍，善吒，行则衔其尾，居则蟠其尾。

——卷三·北山经

那父

灌题山上的白尾牛

从诸犍藏身的单张山往北走三百二十里有座山，名叫灌题山，和光秃秃的单张山不同，这座山上有茂盛的臭椿树和柘树林，山下有很多流沙和细磨刀石。山中生活着一种异兽，看起来像长着白色尾巴的牛，它的叫声如同人在大喊，这种野兽名叫那父。

那父性情温顺，爱帮助人，灌题山周围村庄里的人，都对它特别喜爱。

传说很久以前，一位年轻人在灌题山中迷了路，天空又电闪雷鸣，下起了瓢泼大雨，这人浑身被淋得湿透了，因为打雷，他也不敢在树下避雨。这时，他听到有人在大声喊，他顺着声音跑过去，发现了一个可以避雨的山洞，而山洞里只有一头长着白色尾巴的牛，他感觉很奇怪：明明听到人的呼喊，怎么没有人？正纳闷时，那头牛又张口发出了如同人喊叫的声音，他这才明白过来。

雨停后，他想继续赶路，却绕了几次后又回到山洞。年轻人一

那父

筹莫展。这时，那头白尾牛叫着走出山洞，又回头示意行人跟着它走，那人虽然半信半疑，也没有别的办法，只好跟着牛走。在山上转了几个弯后，年轻人果真在一个树林边看到了熟悉的路口，那是通向村庄的路，他开心极了，十分感谢白尾牛的帮助。

年轻人回到家中，和村民说起这件事情，才知道那头白尾牛就是那父。自此，人们对那父的喜爱更增加了几分。

原典重现

又北三百二十里，曰灌题之山，其上多樗柘，其下多流沙，多砥。有兽焉，其状如牛而白尾，其音如訆，名曰那父。

——卷三·北山经

窦窳

少咸山上的吃人怪兽

上古时候，神州大地的北部有一座少咸山，这座山上不长草木，却有遍地青色的美丽玉石。于是，山下村庄里的人们常常到山上捡拾美玉。

有一天，几位村民如往常一样相约上山，走到一处山坳时，突然听到一阵阵婴儿的哭声，村民们觉得很疑惑：这么高的山，谁会把婴儿抱上来？他们就顺着哭声寻找，声音越来越近，找到一处高高山崖时，哭声忽然停止了。村民们抬头一看，顿时被吓得魂飞魄散，根本没有什么婴儿，山崖上站着一只野兽，它形状像红色的牛，有四只马一样的脚，却

长着一张人脸，就是它模仿婴儿的哭声，把人们诱骗到这里。那只野兽看到了人，就从山崖上向下跳，来追他们。眼看怪兽就要到身边，那几位村民却被吓傻了，呆呆地站在原地不动。

危急时刻，一支箭从远处飞来，正射中野兽的胸口，野兽摔倒在地，它挣扎着要爬起来时，又一支箭射中它的脑袋，野兽这才倒在地上不动了。

这时，从远处走过来一位猎人，来到惊魂未定的众人面前说："没事了，怪兽被杀死了。"村民们这才回过神来。

村民们感谢猎人的救命之恩，并邀请他到村庄做客。后来，从猎人的口中才得知这到底是什么怪兽。

原来这兽名叫窫窳（yà yǔ），他原本是天神烛龙的儿子，性情温厚善良，脾气好，心肠也好，常常帮助别人，大家都很喜欢他，可后来被天神贰负和危设计杀害。天帝知道后震怒，就把贰负和危拘禁在疏属山上，把他们的右脚用脚镣锁上，双手和头发反绑在一起，捆在山中的大树上，惩罚他们不能动弹，永远不见天日。天帝不忍看烛龙伤心，命六巫用不死药将窫窳救活了。可谁知，窫窳复活后竟然性情大变，成了一个性格凶残、专吃人类的恶兽。它经常模仿婴儿哭声，引人查看，然后把人吃掉。人们深受其害，就告诉了帝尧，帝尧便命令后羿除掉窫窳。后羿到处寻找窫窳的踪迹，终于在少咸山将它杀死了。

村民们这才知道，猎人就是后羿。

窫窳被杀死了，人们又可以放心大胆地上山捡拾美玉了。

原典重现

又北二百里，曰少咸之山，无草木，多青碧。有兽焉，其状如牛而赤身、人面、马足，名曰窫窳，其音如婴儿，是食人。

——卷三·北山经

贰负之臣曰危，危与贰负杀窫窳。帝乃梏之疏属之山，桎其右足，反缚两手与发，系之山上木。在开题西北。

——卷十一·海内西经

开明东有巫彭、巫抵、巫阳、巫履、巫凡、巫相，夹窫窳之尸，皆操不死之药以距之。窫窳者，蛇身人面，贰负臣所杀也。

——卷十一·海内西经

山猇

狱法山上的恐怖异兽

你知道能以无穷的力量与老虎和豹子战斗的凶猛动物是什么吗？让我们一起来看一看山猇（huī）。

少咸山北二百里有座山，名叫狱法山。山中有一种野兽，外形看起来像狗，却长着人一样的脸，它行动迅捷如风，人们把山猇现身当成大风将至的预兆。山猇还擅长投掷，每看见有人就会一边哈哈大笑，一边捡起身边的树枝、石子向人们投掷，这种异兽的名字就叫山猇。

传说山猇就像幽灵，天性残忍无情，经常攻击人类，可怕的是，山猇最喜欢攻击的对象，竟然是小孩子。山猇在山林中是不可战胜的，就连山里的虎豹豺狼也不是它的对手，这足以让人看到它的恐怖。

有人认为，山猇就是山魈（xiāo），山魈的头部好像缩在两肩之间，有一张鬼魅似的脸，头大又长，

山猇

鼻梁鲜红，鼻子两边有很深的竖纹，下巴上还长着一撮胡子。实际上，山魈是猴子的一个分支，以"魈"这个字来叫一种猴子，显而易见感受到非同寻常的意义，只听名字就知道这种猴子令人恐惧。

山魈是群居动物，经常几百甚至上千只在一起生活，群落里有严格的等级划分。它们大多数时间都在树林下的开阔地带活动，只有在寻找食物和躲避危险时才会爬到树上。

山魈的前肢比后肢长而且强健，所以行动时背部向下倾斜。它们的奔跑能力出众，最快时能达到时速四十公里以上。

《山海经》中说，只要山狴一出现，总会刮起呼呼的大风，也许只是它的奔跑速度快，来去像一阵风一样，对比山魈时速四十公里的奔跑速度，这的确不无可能。

原典重现

又北二百里，曰狱法之山。瀤泽之水出焉，而东北流注于泰泽。其中多鳈鱼，其状如鲤而鸡足，食之已疣。有兽焉，其状如犬而人面，善投，见人则笑，其名山狴，其行如风，见则天下大风。

——卷三·北山经

狍鸮

贪婪的凶兽

自古深山藏美玉，遥远的钩吾山就是一座玉石遍地的宝藏之山。可即使是美玉遍地，山中也鲜有人迹，因为山中生活着一种食人怪兽。它长着羊的身体、人的面孔，如同匕首一样锋利的虎牙，它的爪子和人的手指一样灵活。最恐怖的是，它的眼睛长在腋窝下面，这种怪兽的名字叫狍鸮（páo xiāo），它性情凶残，经常发出如同婴儿啼哭的声音，引诱人来查看时，将其吃掉。

狍鸮无论是长相还是性情都和饕餮（tāo tiè）相似，所以人们认为狍鸮就是饕餮。饕餮是一种凶兽，最大特点就是贪吃，因为太能吃而把自己的身体也吃掉了，所以它只有一个大头和一张大嘴，没有身体。它是贪欲的象征，后来，人们经常用它形容贪吃或性情贪婪的人。

关于饕餮，有很多传说：有人说，饕餮是被黄帝斩杀的蚩尤的脑袋所化；也有人说，饕餮是龙生九子中的第五个儿子；还有人说，饕餮本

来是缙云氏的儿子，贪如恶狼，积财不用，却经常欺负老弱，后来和混沌、穷奇、梼杌并称为四大凶兽。

这几种传说中饕餮的身世不同，可贪婪的性情一致。

走进博物馆，有许多青铜鼎上都刻有饕餮狰狞的形象：双目圆睁、虎口大张，龇牙咧嘴，看上去异常恐怖。因为饕餮贪食，而鼎最初是用来盛食物的，所以人们在上面铸饕餮的模样就是为了警示，以此为戒。

后来，经过岁月的变迁，饕餮凝重神秘、冷淡狰狞的表情，在人们心中有了庄严肃穆的气氛，增加了驱邪避祸的功能，竟然成为一种权力和地位的象征，饕餮的形象也逐渐变为一种祛邪的神物。

如今，仍有一些地方，在大门上张贴饕餮饰物，用来纳福驱邪。

> **原典重现**
>
> 又北三百五十里，曰钩吾之山，其上多玉，其下多铜。有兽焉，其状如羊身人面，其目在腋下，虎齿人爪，其音如婴儿，名曰狍鸮，是食人。
>
> ——卷三·北山经

独狢

北嚣山上的野兽

传说北嚣山是一座宝藏山，山上没有石头，却到处是美丽的碧玉，因为山中有一种名字叫独狢（yù）的凶猛野兽，所以人们都不敢上山捡拾玉石。

北嚣山下有个村庄，村庄里有个为富不仁的财主，他的家里十分富有，有五十座房屋、五百亩地，还有一百个长工为他干活，他常常打骂长工，有时还不给他们饭吃。

自从听说北嚣山上玉石遍地后，这个贪婪的财主便寝食难安，想要得到这些玉石又惧怕野兽独狢。有一天，他实在无法再按捺自己的贪欲，便逼几个长工上山为他寻宝，可又担心他们找到玉石后据为己有，就跟着长工一起来到山中。

他们爬上高高的山峰后，果然看到遍地美玉，财主欣喜若狂，开心地大叫着扑向玉石堆，并让长工们赶快捡拾。

独狢

忽然，一只野兽跳出来，只见它外形像凶猛的老虎，身上的毛皮却如雪一样洁白，脑袋像狗，尾巴似马，身上的毛如猪鬃，它恶狠狠地瞪着财主，发出一阵阵低沉的吼声。

财主吓坏了，想跑又跑不动，央求长工们救他，可长工们也被吓得呆住了，站在原地，挪不动脚步。

只见那只野兽一步步逼近，猛然间跳起，一口就把财主吞进了肚子，然后，打着饱嗝儿摇晃着脑袋离开了。

长工们愣在原地，半晌才回过神来，他们相互搀扶着下山，把事情的经过告诉村中的老人，才知道那只野兽就是独狢。

没有了财主的压榨，人们开始了幸福的生活。但从此，再也没有人到北嚣山中去，也没有人再见到过那只野兽独狢。

原典重现

又北三百里，曰北嚣之山，无石，其阳多碧，其阴多玉。有兽焉，其状如虎，而白身犬首，马尾彘鬣，名曰独狢。

——卷三·北山经

居暨
梁渠山上的小精灵

遥远的梁渠山上金玉遍地却草木不生，修水从山上发源，向东流入雁门水。聪明的小动物居暨（jì）就生活在此山上。

居暨

　　猛一看，它的体形和神情跟刺猬差不多，浑身却长着红色的毛，叫起来声音哼哼叽叽，像小猪崽的叫声。居暨性格活泼好动，行动灵活，跑的时候，如同小兔子一样蹦蹦跳跳，十分可爱。

　　居暨的适应能力特别强，草原、森林、山地等许多地方都有它的足迹，但它们最喜欢的还是空气温暖湿润、阳光可以充分照耀的地方。

　　居暨最拿手的技能就是打洞了，它还很勤劳，日夜工作，经常打很多的洞，还把这些洞分为不同的用途，有些洞还连通起来，以预防和迷惑敌人。

　　居暨十分好客，每当有不会自己做窝的小鸟们来到时，居暨就会热情地邀请这些朋友一起来到它的洞中。而小鸟们也不客气，高高兴兴地走进洞中，共同居住。它们关系特别融洽：居暨干活的时候，小鸟会飞到空中站岗警戒，如果有敌人靠近或危险袭来，小鸟就在第一时间发出信号，让居暨赶紧躲避。

和朋友互帮互助、相互协作，对双方都有利，小小的居暨也懂得这个道理，看来，它还真是一只聪明的小野兽。

原典重现

又北三百五十里，曰梁渠之山，无草木，多金玉。修水出焉，而东流注于雁门。其兽多居暨，其状如猬而赤毛，其音如豚。

——卷三·北山经

驒

归山上的舞蹈家

很久以前，驒（hún）生活在遍地金玉的宝藏山归山上。它看上去像羚羊，头上有四只角，长着马一样的尾巴、鸡一样的爪子。它很喜欢跳舞，被归山上的动物们奉为"舞王"。

驒小时候就有一个梦想，想成为归山上最好的舞蹈家，它常常在其他动物面前跳舞，可步伐总是踉踉跄跄，有时还会跌倒。有些小动物就会嘲笑驒，说它根本没有跳舞天分，而且永远学不会。

驒虽然很伤心，但它没有气馁，它鼓励自己："要向着梦想的方向前进，不怕困难，成为最想成为的自己。"

  驿排除掉一切干扰因素，努力学习舞蹈，为一个动作可以成百上千次练习。它一次次摔倒，又一次次站起来，身上经常青一块紫一块，但驿从来没有想过放弃。

  时间很快，转眼三年过去了，归山上要召开一场推选舞王的大会，驿也报了名。

  会场上，动物们都使出浑身解数各展舞姿。到驿上场了，观众们并不看好，可驿不慌不忙地走到岩石搭建的舞台，大大方方地行了个礼，然后跳起来。只见忽快忽慢、张弛有度，它鸡一样的爪子，灵活而有力，牢牢抓住岩石保持着平衡，使它在跳舞时动作更稳健。它旋转的时候，身后长而柔顺的马尾也随风飞起来，飘逸灵动，十分优美，跳到开心时，驿竟然开口"驿、驿、驿"地高声唱起歌来。

动物们都看呆了，没想到骇进步这么大，它们从内心里佩服骇，并一致推选骇为舞王。

骇有这样的成就，是和它的努力分不开的。一分努力，不一定有一分收获，但九分努力，一定会有收获。

从骇身上，你学到了什么吗？

原典重现

北次三经之首，曰太行之山。其首曰归山，其上有金玉，其下有碧。有兽焉，其状如羚羊而四角，马尾而有距，其名曰骇，善还，其鸣自讨。

——卷三·北山经

犀渠

厘山上的食人兽

很久很久以前，遥远的厘山上有很多玉石，却人迹罕至，山中生活着一种名叫犀渠的凶猛野兽。它外形像牛，一身青灰色的皮毛，皮糙肉厚，身躯强壮，个头比牛更高大些，眼睛像铃铛，头上两只锋利的犄角可以轻松撞破巨石。

在人们的印象中，牛大都比较温顺，然而犀渠却是一只恶兽，它力大无穷，性格狡猾又脾气暴躁，常常咆哮吼叫，以人为食，有时也吃其他兽类。

关于犀渠，流传着这样一个故事。

相传，每当犀渠出现，便会烈日炙烤、干旱无雨，但凡它在山中游逛，其他兽类无不四下逃窜，有些没来得及逃脱的，则被吓得匍匐在地，无法动弹，只能成为它的食物，任其宰割。更让人可恨、可怕的是，它经常会来到山下的村庄，寻找一个僻静的地方，发出婴儿般的哭声，以此引人来看，然后把人吃掉。

百姓想过许多方法捕杀，不但无果，反而伤了许多人。人们深受其害又束手无策，难过地放声大哭起来。

哭声渐渐传到天上，天帝知道这件事后，不忍心看百姓再受其残害，决心除掉它。当天帝召集众神商议如何除掉犀渠时，唯有太上老君没有到。

这时，有神说，犀渠是太上老君的坐骑。正说话间，只见太上老君气喘吁吁跑过来，原来犀渠趁太上老君睡着了，偷偷跑到人间为祸百姓。

后来，太上老君到人间收了犀渠，化去它的凶残，只留下温顺敦厚，并断了它一只犄角作为惩罚。所以，以后的神话传说中，太上老君的坐骑，是只有一只角的大青牛。

原典重现

又西一百二十里，曰厘山，其阳多玉，其阴多蒐。有兽焉，其状如牛，苍身，其音如婴儿，是食人，其名曰犀渠。

——卷五·中山经

轹轹

可感知洪水的异兽

很久以前，太阳升起来的地方有一座空桑山，山下有个村庄，人们世代在村庄中居住，依靠种田为生。农闲时，村民会上山打柴。空桑山山峰高耸，山上风景很美，在山顶向北可以看到波光粼粼的食水，东面可以望见沮吴山，南面可以看到沙丘，西面可以看见滽泽。他们日出而作、日落而息，生活平静又幸福。

谁料想，忽然有一天，他们平静的生活被打破了。

原来，几天前，一位叫阿庆的村民上山打柴，听到了一阵"轹（líng）轹、轹轹"的叫声，一会儿又像是人生病难受时的痛苦呻吟声。阿庆很是担心，就循着声音去看，可他没有看到人，只在一块大石头后面，看到了一头从没见过的野兽。这头野兽外形像牛，身上长着很多虎纹，那"轹轹"的叫声和痛苦的呻吟声就是它发出来的。

阿庆下山后就去找村中最德高望重、博闻广识的族长，向他询问那头野兽到底是什么。

听了阿庆的讲述，族长大惊失色，赶忙召集全村的人，让大家一起登上村外最高的台子。村民们感觉很纳闷，问族长原因，族长说："现在来不及解释，大家先上去再说。"村民们看到族长的神情，没再问，只是都急急忙忙地跟着族长一起爬上高台。

看大家都登上高台后，族长才对村民们说起了原因。原来，族长很小的时候，听老人们说，有一种叫轮轮的野兽，只要是它一出现，就会发生水灾，而阿庆在山上看到的野兽就是轮轮。村民听了族长的讲述，都半信半疑：有那么神奇灵验吗？

正说话间，却听得震耳欲聋的流水声传来，远远望去，洪水咆哮着从远处奔腾而来，不一会儿就淹没了村庄，席卷了良田。这时，忽然阿

轮轮

庆指着水里对大家说："看，那就是轳轳。"村民们顺着阿庆手指的方向看过去，只见洪水中，有一头如同牛一样的动物在水中嬉戏，它一会儿潜入水底，一会儿浮出水面，玩得十分自在。

有人说："轳轳真是太可恨了，给我们带来了洪水，它却在水中玩得不亦乐乎。"自此，人们更加笃信，是轳轳带来的洪水。

果真如此吗? 真实的情况可能是：轳轳喜欢水，又可以感知到水的到来，它总是会提前一步来到水将要到达的地点，然后在水中玩耍，仅此而已。

原典重现

东次二经之首，曰空桑之山，北临食水，东望沮吴，南望沙陵，西望湣泽。有兽焉，其状如牛而虎文，其音如钦，其名曰轳轳，其鸣自叫，见则天下大水。

——卷四·东山经

犰狳

外壳最坚硬的动物

说到外壳坚硬的动物，你会想到哪一种，穿山甲? 乌龟? 还是犰狳（qiú yú）?

据考证，犰狳已经在地球上至少生存了五千五百万年，它的古老程度堪比恐龙，那么，上古奇书《山海经》中有没有记载呢? 今天我们就一起来找一下答案。

《山海经·东山经》描述：在遥远的余峨山上长着很多梓树和楠木，山下长着许多荆和枸杞。杂余水从山上发源，向东流入黄水。余峨山中生活着一种兽，远远看上去像兔子，走近一看，它长着鸟一样的嘴、鹞（yào）鹰一样的眼睛，还有蛇一样的尾巴。这种野兽很有表演天赋，平时，它会悠闲自在地在山上觅食，高兴时，会高声发出"犰狳、犰狳"的声音，而只要它一见到人，就会躺下装死。因为它的叫声，所以人们都叫它犰狳。人们说，只要它一出现，就会使螽斯、蝗虫成灾，危害庄稼。

犰狳又叫铠鼠，是一种小型的哺乳动物，一双长长大大的兔子耳朵直直地竖在头顶上，它的眼睛很小，尾巴细细长长，如同蛇尾。犰狳一般白天在洞穴休息，晚上才出来觅食，它是杂食性动物，主要吃蚂蚁、蛇、腐肉和一些植物等。

犰狳胆子特别小，也没有攻击能力，遇到敌人就赶紧钻进洞里。如果没有洞，它就用锋利尖锐的爪子在一两分钟内飞快地挖出一个洞，这个洞可以紧紧包裹住身体，使敌人几乎不可能把它从洞中拽出来。而

如果就连挖洞的时间都没有的话，犰狳就会缩成一个球来保护自己，团成球的犰狳看起来像足球，因而成为巴西世界杯的吉祥物。

犰狳厚厚的铠甲是天生的盾牌，坚硬到什么程度呢? 据说，它的外壳竟然可以反弹子弹。

如此坚硬的外壳，乌龟和穿山甲也望尘莫及，身体被这层"钢铁铠甲"包围，任哪个敌人也无从下口。看来，"最坚硬外壳"这一称号，非犰狳莫属了。

原典重现

又南三百八十里，曰余峨之山，其上多梓楠，其下多荆芑。杂余之水出焉，东流注于黄水。有兽焉，其状如菟而鸟喙，鸱目蛇尾，见人则眠，名曰犰狳，其鸣自讧，见则螽、蝗为败。

——卷四·东山经

禽鸟篇

灌灌鸟

九尾狐的邻居

在基山的东面大约三百里的地方有座青丘山，这也是一座资源丰富的山脉，山的南面有很多玉石，每当太阳照耀，便会折射出多彩的光线；北面有很多青雘，这种青色的矿物可以制作颜料。山中除了我们所熟悉的九尾狐外，还有一种奇鸟，它的形状像鸠，叫声像人们大声斥骂的声音，这种鸟的名字叫灌灌，它总是被人们认为是一种吉祥的鸟。

灌灌鸟的全身就像宝藏一般，传说它的肉质十分鲜美，在吕不韦及其门客编纂的《吕氏春秋·本味》一文中曾经提到灌灌鸟的肉十分受人喜欢。

除了它的肉味道鲜美以外，灌灌鸟的羽毛也有令人清醒的作用，如果把它的羽毛佩戴在身上，人便知晓万物，不再受到迷惑了，正是因此，灌灌鸟历来为人所称赞。郭璞曾经用"厥声如呵，厥形如鸠，佩之辨惑，出自青丘"这几句话来描述其独特而珍贵的品质；晋代的陶渊明也曾经写诗赞美灌灌鸟，说它的出现可以让整个国家变得更好。灌灌鸟这种解人迷惑的性质一直为人们所羡慕，现代有人调侃说，假如真的有这种神物的存在，那么商纣王便不会被妲己所迷惑。

灌灌鸟之所以拥有这种能力，和它的声音是分不开的。传说它的歌

声带有不可思议的魔力，能够让友方勇气大增，武力值迅速增加，变得更加强悍，同时还能令敌方昏昏欲睡，处于不利的境地。或许正是灌灌鸟这些优质的品质，让它成为一种吉祥的鸟类。

原典重现

　　又东三百里，曰青丘之山，其阳多玉，其阴多青䨹。有兽焉，其状如狐而九尾，其音如婴儿，能食人，食者不蛊。有鸟焉，其状如鸠，其音若呵，名曰灌灌，佩之不惑。

——卷一·南山经

瞿如

祷山的异鸟

两广境内有一座宝山，叫作祷过山，山中生活着许多奇珍异兽。高高的山脉上散落着金玉宝石，山下有很多犀牛和兕，还有许多大象。山中有一种鸟名字叫作瞿（qú）如，长着白色的脑袋，却有一张像人一般的脸，下面有三只脚，外形十分独特，它发出的声音就像在喊自己的名字一样。关于它到底是什么动物，历来没有明确答案，有学者猜测瞿如可能是有些畸形的猫头鹰。

瞿如鸟作为一种叫声独特且长着人脸的神鸟，这种特征在《山海经》中十分普遍，包括记载在《山海经·西山经》中的凫徯，以及《山海经·北山经》中的竦斯，它们都是长着人脸并且能够喊自己名字的动物。

至于《山海经》中的动物为什么很多都长着人脸这种情况，有人认为它并不是真的有一张人类的脸，而是我们的眼睛对"人脸"天生有极强的自动识别功能，人的脸庞是人们最常接触并且最熟悉的东西。在远古时期，人类的智力水平还停留在原始阶段，在周围满是各类奇异动植物的环境中的古人，一旦看到某一种奇怪的东西，便会不由自主地与身边最熟悉的事物进行比较，说出对这一奇怪物体最直观的感受，因此当古人看见在一张平面上出现两个眼睛、一张嘴，便会不由自主联想到人脸。这种想象使得《山海经》的记载之中，总是出现类似的话语。

不知道大家还有没有发现另一个神奇的特点——其鸣自号，就是说发出的叫声是在叫自己的名字。有人从思维的角度对其进行分析，认为这

其实是远古人类的一种思维方式，古人认为鸟早已有了自己的名字，它们的叫声就是它们的名字，所以书中记载说"其名自号"。但事实其实是人类为了区分这些不同的鸟，用它们的叫声作为它们的名字。

总体而言，无论瞿如鸟是猫头鹰还是其他的动物，它的这些特质让它作为祷过山上的一种奇鸟，与其他的神鸟一样，相互制约平衡，构成了祷过山上多姿多彩的动物世界。

原典重现

东五百里，曰祷过之山，其上多金玉，其下多犀、兕，多象。有鸟焉，其状如䴔而白首、三足、人面，其名曰瞿如，其鸣自号也。

——卷一·南山经

凤皇

百鸟之王

在人类远古时期尚且没有明确的国家划分，人群呈聚落形发展，共同占有这辽阔大地，不断探索新的物种。在如今的缅甸境内有座丹穴山，丹水便是发源于这一山脉，向南流入南海。丹穴山上也有很多金石宝玉，凤皇便生活在其中。如今我们常将凤皇写作凤凰，凤凰的形状像家中饲养的小鸡，不过体格更大一些，身上有五彩斑斓的羽毛，并且组成了多种花纹。头上的花纹像是一个"德"字，翅膀上的花纹像"义"字，腹部的花纹仿佛是"信"字，背上的花纹构成了"礼"字，胸部的花纹则和"仁"字一模一样。它浑身散发着红色光芒，张开翅膀飞翔，好似流星在星空中飞舞，这种惊艳的场面一直被人们揣测和摹画。

凤凰的举止形态十分优雅自在，进食从容自如，经常在林间唱歌、跳舞，引得众鸟前来膜拜，因此人们常常认为凤凰是一种尊贵的生物，它的出现，寓意着天下太平。不过凤凰并不仅仅生活在丹穴山中，南禺山的附近也有它的踪影。南禺山是佐水的发源地，人们经常在佐水水边看到凤凰和鹓雏的身影。

传说凤凰是从东方殷族的鸟图腾演化而来，雄鸟为凤，雌鸟为凰。凤凰死后，周身会燃起大火，它就在烈火中获得重生，并拥有更强大的生命力，称为"凤凰涅槃"。相传黄帝时社会安定，百姓安居乐业，黄帝身穿黄袍，头戴黄帽，在大殿中祈祷，凤凰遮天蔽日地飞来，在殿上盘旋。黄帝再拜，凤凰便栖息在黄帝宫廷东园的梧桐树上，久久不肯离去。

宋代《闻见录》中也曾经提道："梧桐百鸟不敢栖，止避凤凰也。"意思便是说百鸟之所以不在梧桐树上栖息，就是为了不打扰凤凰。象征祥瑞的凤凰和象征高洁美好的梧桐灵树结合在一起，在后世常被人们用来比喻像姜子牙、诸葛亮这种拥有大贤能的人遇到贤明的君主。

凤凰成为令天下太平安宁的祥瑞之物，不仅是由于它的五彩的外表，更重要的是它不贪图安逸、不畏艰难险阻的精神，置之死地而后生，在烈火中重生，这和我们现在所熟知的"百炼成钢"有着异曲同工之妙。

原典重现

又东五百里，曰丹穴之山，其上多金玉。丹水出焉，而南流注于渤海。有鸟焉，其状如鸡，五采而文，名曰凤凰，首文曰德，翼文曰义，背文曰礼，膺文曰仁，腹文曰信。是鸟也，饮食自然，自歌自舞，见则天下安宁。

——卷一·南山经

颙鸟

预示旱灾的异鸟

从鸡山再向东走四百里，有座令丘山，山中到处都有火在燃烧，像是《西游记》里的火焰山一样，只不过没有铁扇公主的芭蕉扇，因此山里面寸草不生。它的南边有一个山谷，名叫中谷，这里常吹东北风，东北风的气息吹来了生机。山中生活着一种鸟，形状像猫头鹰，长着人一样的

脸，有四只眼睛，有耳朵，名字叫颙（yú），它发出的声音就像在喊自己的名字，它只要一出现，天下就必然会发生干旱。

这种不吉祥的动物据说曾经出现在明朝时期。传说明万历二十年，颙鸟曾在豫章郡城宁寺聚集，城中的燕雀仿佛受到了惊动，都鼓噪起来，冲着颙鸟不停地叫唤。结果在当年的五月到七月，豫章郡酷暑异常，滴雨未降，庄稼禾苗都被旱死了。

颙鸟之所以预示着干旱的产生，这或许和它的生活环境有关系。它常年生活在"火焰山"上，被烈火所炙烤，忍受着干旱的气候和孤独的环境，颙鸟好似身上携带着火苗一般，它飞到哪里，哪里便仿佛被烘干了水分，突发旱灾，因此人们都不喜欢它。

按理说，凤凰和颙鸟是有一定的相似之处的，它们都和火有千丝万缕的关系，它本应该像凤凰一样象征着坚韧和勇敢，但事实却恰巧与之相反。为什么两种奇鸟所代表的寓意天差地别呢？一方面是由于两种奇鸟的外貌不同，凤凰五彩的外表、靓丽的颜色自然让先祖们感受到了最初的美丽，而颙鸟则是猫头鹰的样子，颜色灰暗，并且样子十分奇怪，有四只眼睛。此时先祖们天生对与美的追求，使他们自然而然地将凤凰奉为吉鸟，颙鸟则是带来不幸的鸟。另一方面或许是因为这种鸟的叫声是在叫自己的名字，我们连续读一读它的名字就会发现，这好像是在不断喊"愚、愚"，又好像是驾马时的"吁、吁"，无论是哪一种，这种叫声都不被人们所喜欢，因此人们在对它性质的判定上自然就带了一些偏见成分，它没有像凤凰一样被人们奉为祥瑞之兆。

我们生活的年代，虽然找不到这种生物，但干旱仍然时有发生，水资源是非常珍贵的自然资源，我们每一个人都要从身边的小事做起，珍惜水资源。

原典重现

又东四百里，曰令丘之山，无草木，多火。其南有谷焉，曰中谷，条风自是出。有鸟焉，其状如枭，人面四目而有耳，其名曰颙，其鸣自号也，见则天下大旱。

——卷一·南山经

数斯

长人脚的奇鸟

在现今的陕西境内的峪山岭一带有一座皋（gāo）涂山，蕃水和涂水便是由此分别流入诸资水和集获水。皋涂山的南面布满了红艳艳的丹砂；北面则有许多银和黄金，仿佛是天降之物。山中的物产十分丰富，各类动植物和矿石"齐聚一堂"。整座山树木葱茏，生长着茂密的桂树，如果有人到了这座山，就会发现这里有很多动物在嬉戏打闹。

在这众多动物里，最著名的当属形状像鹞鹰，长着人一样的脚，名字叫作数斯的这种鸟。它的肉能够治疗脖子上长的瘤子，帮助人们恢复健康，但是在民间传说里面，数斯的肉也可以治疗癫痫，这两种不同的说法或许和疾病的不同阶段有关系，一些肉瘤有可能会引发癫痫。

当今，我们确实也发现过可以治疗癫痫的鸟，俗称"花蒲扇"，学名叫作戴胜，主要被人们用来医治癫痫。戴胜和数斯鸟的关系并不十分密切，因为数斯鸟的羽毛并不艳丽，而且体形也比戴胜要大。

很久以前，数斯鸟并不像现在我们所看到的这样瘦瘦的，它的体形很圆润，因为山中的生活十分惬意，平日也没什么可担心的，每天只和山中的同伴游戏。不过好景不长，当人类知道数斯鸟的肉拥有这种神奇的功能之后，便开始上山来捕捉它，数斯鸟打不过人类，因此只能每天东躲西藏，在这种长时间的运动下，它的体形逐渐变成了现在被大家所熟悉的瘦瘦的样子。

数斯

西南三百八十里，曰皋涂之山，蔷水出焉，西流注于诸资之水；涂水出焉，南流注于集获之水。其阳多丹粟，其阴多银、黄金，其上多桂木。有白石焉，其名曰礜，可以毒鼠。有草焉，其状如藁茇，其叶如葵而赤背，名曰无条，可以毒鼠。有兽焉，其状如鹿而白尾，马足人手而四角，名曰玃如。有鸟焉，其状如鸱而人足，名曰数斯，食之已瘿。

——卷二·西山经

鹦鹉
黄山的巧舌鸟

我们沿着皋涂山继续向西走一百八十里，这里有一座黄山，山上没有毛茸茸的小草和高大密集的森林，只长着很多低矮的小竹。从黄山上流下一条河流——盼水，向西流入赤水河中，水中藏着很多玉石，天气晴朗的时候，我们可以看见水中的玉石闪闪发亮。山中生长着两种动物，其中一种是犘（mǐn），它的形体就像我们常见的大黄牛，有着灰黑色的皮毛，眼睛大得像铜铃，经常吓到山中的精灵。除此之外，山中还生活着一种鸟，形状像猫头鹰，却长着青色的羽毛、红色的嘴，最令人惊异的是，它的舌头和我们人类的一样，因此这种鸟会说话，叫作鹦鹉（mǔ），也就是鹦鹉。

最开始，鹦鹉是作为聪明的象征，但随着人类思维的发展，逐渐衍生出了其他的意思。宋代《景德传灯录》中曾经说"鹦鹉只学人言，不得人意"，意思是说鹦鹉只会学人说话，但根本领会不到其中意思，后来"鹦鹉学舌"便逐渐含有贬义在内。

从《山海经》的记录中，我们也可以发现鹦鹉的外貌十分漂亮，甚至在后世作为爱情的象征，因此很多故事都提到了鹦鹉漂亮的外貌和"学人精"的本质。

有一则小故事是讲鹦鹉和信鸽的，大家不妨看一看。

一只小鹦鹉住在富丽的金笼中，自命不凡，看着整日灰头土脸、风吹日晒的信鸽说："还是我好啊，长得标致漂亮又雍容富贵，还会讲人话，

深受宠爱，我一定是主人的心头好。"信鸽不紧不慢地回答说："对啊，你是鸟中凤凰，长得好看却肚中空空，学舌卖乖，身陷笼中，当真是金玉其外，败絮其中。"鹦鹉听了这句话不高兴了，它讽刺地说："那你呢？你有什么才能？只怕你的优点还赶不上我的缺点！"信鸽慢条斯理地回答："我虽然其貌不扬，但并非饭桶，不怕暴风，

不辱使命，千里归乡送达信息。"鹦鹉听了这些话觉得自己不过是一个绣花枕头，不懂思考，于是十分羞愧地面壁反省。

由此可见，漂亮的外貌和学舌的本领都不如独立的思考和生活来得实在。生活的价值不只在外在，更在精神的独立和富有。

> **原典重现**
>
> 又西百八十里，曰黄山，无草木，多竹箭。盼水出焉，西流注于赤水，其中多玉。有兽焉，其状如牛而苍黑，大目，其名曰㸲。有鸟焉，其状如鸮，青羽赤喙，人舌能言，名曰鹦䲻。
>
> ——卷二·西山经

鸾鸟

歌颂太平的神鸟

从高山即现在的米缸山向西南走三百里地，这里有座女床山，山的南面有很多赤铜，北面有很多石墨，资源十分丰富。山中的野兽多是老虎、豹子、犀牛、兕等一类十分凶猛的生物。不过山中却生活着一种美丽的鸟，外表虽像长尾野鸡，但身上有五彩斑纹，耀眼夺目，它的名字叫作鸾鸟，它的出现，代表着天下安宁。

的确，我们可以发现鸾鸟不仅在外形上，甚至在特异功能上与凤凰都有一定的相似之处，它们两个到底是什么关系呢? 现在被人们认可的解释一共有两种: 第一种是说最开始的时候，鸾作为一种近似于凤凰的

鸟，也是瑞鸟的一种，但地位比不上凤凰，不过随着时间的推移，人们逐渐把"鸾"作为凤的别称，并称"鸾凤"；第二种观点则是认为"凤"和"鸾"指的是同一种鸟，但"凤"指的是成熟长大的鸟，而"鸾"则指的是尚未成熟的鸟，"鸾"一旦成熟，就会被称作"凤凰"。现在我们经常听到"鸾凤还巢"或者"鸾凤和鸣"，它们的寓意都是幸福美满的吉祥之意。

传说鸾鸟是一种悲情的鸟，它一直在寻找着自己的另一半，它不停歇地飞过高山，飞过沙漠，越过大海和城市，可是它始终没有找到和它一样的另一只鸾鸟。就在它筋疲力尽，想要放弃的时候，落到了一户人家的窗户上，从这户人家的窗户里，它看到了一面镜子。鸾鸟终于发现了它的另一半，而那只鸟也正在热切地看着它。就在那一瞬间，一种强烈的欣喜感充满了它的内心，它冲入云霄，发出了一声从未发出过的悦耳悲鸣，然后泣血而亡。后来古人便用"鸾镜"来表示临镜生悲。据说鸾鸟的叫声也非常悦耳，音调多样，故而古代常被当作车的铃声，一说此为

鸾鸟

鸾车的由来。

鸾鸟虽然是吉祥的象征，可是它本身却是一个孤独者，没有同伴的陪伴，实在有一种悲壮之美。

原典重现

西南三百里，曰女床之山，其阳多赤铜，其阴多石涅，其兽多虎、豹、犀、兕。有鸟焉，其状如翟而五采文，名曰鸾鸟，见则天下安宁。

——卷二·西山经

蛮蛮

比翼双飞的爱情鸟

崇吾山是《山海经·西次三经》中的第一座山，它位于黄河南面，北面可望到冢遂山，南面可望见蟜之泽，西面可看到黄帝与猛兽搏斗过的丘陵，向东面可望到蟜渊。山中生长着一种树，长着圆圆的叶子，枝干上有白色的花萼，成熟时便开红色的花朵，上面有黑色的纹理，结的果实与枳相像，人吃了它能使子孙兴旺发达。山中还有一种鸟，这种鸟名字叫蛮蛮，它的形貌像野鸭子一样，长着一只翅膀和一只眼睛，平日里它必须和另一只相同的鸟合起来才能飞行，它一旦出现，天下就会发生大水灾。

由此可见，蛮蛮鸟在原始记载中并不是一种表示祥瑞的鸟，反而是一种灾鸟，但为何后世却逐渐将蛮蛮鸟视作表现坚贞爱情的比翼鸟呢?

其实，这和它"双鸟并飞"的特征是分不开的。古人认为蛮蛮鸟不能独自飞翔，需要两只结对才能飞翔和生活，这一点和人类成亲相伴生活的方式十分相似，因此人们慢慢把它当作夫妻同心的象征，并且有着"在天愿做比翼鸟"的誓言。

传说在周成王六年（公元前1037年），燃丘国曾经献来一对比翼鸟，它们不畏困难和劳累，从南海衔来丹泥，从昆仑山衔来元木，以此为自己筑巢。遇到圣贤的人治理国家时，它们就会飞出来汇集在一起，这也被人们认为是周公治国有方、天下大治的祥瑞之兆。可见蛮蛮鸟已经变成了一种吉鸟。

那么为什么见到蛮蛮鸟便会发生洪灾呢？有学者认为蛮蛮鸟其实是一种水鸟，它们在某一季节聚集在某地。恰巧由于原始时期基础建设的不完善，时常有自然灾害发生，人们看见了，便自然而然地将这种水鸟与大水联系起来，认为只要看见这鸟群来，就说明当地发大水。由此，蛮蛮鸟就有了"见之则发水"这一特异功能。

如今，蛮蛮鸟的灾害功能已经自动被大家所屏蔽，它所代表的对爱情的忠贞含义更被人们所重视，用来比喻恩爱夫妻，或是比喻情深谊厚、形影不离的朋友。

原典重现

西次三经之首，曰崇吾之山，在河之南，北望冢遂，南望䍃之泽，西望帝之搏兽之丘，东望螞渊。有木焉，员叶而白柎，赤华而黑理，其实如枳，食之宜子孙。有兽焉，其状如禺而文臂，豹虎而善投，名曰举父。有鸟焉，其状如凫而一翼一目，相得乃飞，名曰蛮蛮，见则天下大水。

——卷二·西山经

钦原

守昆仑的勇士

昆仑山是一座名山，它不仅是一个风水宝地，也是一个蕴藏着巨大秘密的地方，这里有西王母的瑶池，到处长着结有珍珠和美玉的仙树。根据《山海经》的记载，这里也是黄帝在下界的都城，由天神陆吾负责

管理。陆吾能力极强，正是因为这位天神非凡的能力，所以昆仑山上的动物几乎都听从陆吾的差遣，一心一意地守护着昆仑山。山中生活着一种野兽土蝼（lóu），它的形状像长着四只角的羊，但性情却完全不像软绵绵的羊，反而十分凶猛，会吃掉在山上为所欲为的贪婪的人。和土蝼一样凶猛的还有一种鸟，它的形状像在花丛中飞来飞去的蜜蜂一样，但比蜜蜂大多了，几乎和鸳鸯鸟一样大，人们都叫它作钦原。其实，从严格意义上来说，钦原属于蜂类而不是鸟类。钦原的技能既独特又厉害，它只要蜇一下鸟兽，鸟兽就会死亡；蜇一下树木，树木就会枯死，杀伤力十足。

　　传说昆仑山上有很多珍贵的奇花异草，可以治疗百病，于是有很多

人蠢蠢欲动，想要去采摘，但由于山上守护神的威慑，大家都不敢去。

这天，山脚下的一个村子里有一位青年的妻子生了病，在无药可施之际，有一位老人告诉他，你不妨上山去寻一株草药，可治百病，你妻子的病或许就好了。青年心动了，打算收拾好行囊上山，这位老人警告他说，你要小心昆仑山上的野兽，其中土蝼和钦原是十分厉害的，尤其是钦原，长得像蜜蜂，它一碰到你，你就活不成了。

青年道谢之后，便动身前往昆仑山。他悄悄地找到了可治病的草药，正打算离开时，他看到了一群像蜜蜂一样的动物，就在前方不远处，他意识到这就是老人曾经告诉他的钦原。青年小心翼翼地挪动着，可还是惊动了它们，于是这群钦原便向他飞来。在紧急之时，他跳进了前面的一条河里，随着河水浮浮沉沉地漂出了昆仑山的地界，此时钦原便不再追赶他了。青年长出一口气，回头望去，看见钦原向地面猛蜇，地面瞬间荒芜了一片，青年感到后怕，赶紧回到家中。

钦原十分聪明，它们知道每一个人上山的目的，对于贪婪之人丝毫不会客气，也会对善良之人手下留情。我们每一个人都不能让贪婪蒙蔽了心志。

原典重现

西南四百里，曰昆仑之丘，是实惟帝之下都，神陆吾司之。其神状虎身而九尾，人面而虎爪。是神也，司天之九部及帝之囿时。有兽焉，其状如羊而四角，名曰土蝼，是食人。有鸟焉，其状如蜂，大如鸳鸯，名曰钦原，蠚鸟兽则死，蠚木则枯。

——卷二·西山经

毕方

送火种的神鸟

在长留山向西二百八十里左右的地方有座章莪山，山中不长草木，却有很多美玉和青绿色的玉石，本来应该会吸引很多人前来挖掘，不过山里有十分怪异的野兽，因此人们不敢前去。山中有一种野兽，它的形状像红色的豹子，长着五条尾巴、一只角，叫声像是敲击石头发出的响声，人们往往把它叫作"狰狞"的狰。除了这种看起来就很凶猛的动物之外，

山中还生活着一种毕方鸟，长得和鹤极为相似，不过只有一只脚，身上是青色的羽毛，上面还有红色的斑纹，嘴巴白白的，它鸣叫起来就好像是在呼喊自己的名字，它在哪里出现，哪里就会有大片的野火。

说起毕方鸟来，它经常在电视剧中作为神仙们的坐骑出现，不过毕方确实曾经为黄帝驾车。传说黄帝当时进行扩张，他乘坐着的蛟龙旁边就有毕方鸟的身影。在路上黄帝碰到了蚩尤，虽然最终战胜了蚩尤，但是蚩尤的魂魄仍然暂时在人间，并且威力不小。蚩尤将自己的亡魂组成军队，攻打黄帝，在千钧一发之际，毕方鸟出现解救了黄帝。

还有一个关于毕方为人类带来火种的故事，传说在很久以前，大地上一片荒芜，人们只能吃生肉，喝生水，像野兽一样茹毛饮血。每到寒冬到来时，野兽可以依靠自己的皮毛过冬，但人类却不行，因此大雪封冻住一切的时候，好多人会因此而死亡。人类便向管理火苗的天神祈求能够拥有火种，但天神一直不肯施舍，此时的毕方鸟是天神身边的童子，它不忍见人类如此，于是就趁着天神睡觉的时候，偷偷把火种带到了大地上。它用火救了一个快要冻死的年轻人，让他恢复生机和力气。

毕方鸟怕天神将火苗收回，于是将这个火种送给年轻人，叮嘱他把火传遍世界各地，让所有的人都不再害怕寒冷，从此世界上便有了火。

原典重现

又西二百八十里，曰章莪之山，无草木，多瑶、碧。所为甚怪。有兽焉，其状如赤豹，五尾一角，其音如击石，其名如㺌。有鸟焉，其状如鹤，一足，赤文青质而白喙，名曰毕方，其鸣自叫也，见则其邑有讹火。

——卷二·西山经

鸱

阴阳使者

从祁连山附近往西二百二十里有一座山，名叫三危山，三青鸟就栖居在这里，这座山方圆百里十分辽阔。山上有一种野兽，形状像牛，头上长着四只角，身子是白色的，它的毛如披着的蓑衣一般，名字叫傲䄖，能吃人。山中还生活着一种鸟，长着一个脑袋、三个身子，形状与鸦（luò）鸟相似，人们把它叫作鸱（chī）。

传说鸱鸟只喝滴落在自己羽毛上的雨水，从来不会去喝其他的井水或泉水，即使是干净的也一滴不沾。古时候因为鸱鸟的纯洁，以及其独特的外表，它也被认为是灵魂的引导者和守护者，经常出现在礼器或者与丧葬有关的画像上。

但是由于它一个脑袋三个身子，外加难听又嘶哑的声音，越来越不符合大众的审美观，且它经常出现在丧事中，时间长了，它被人们贴上了"不吉利"的标签，人们对它的态度也就从敬重变成了讨厌。

庄子曾经写过一个有关于鸱和凤凰的故事，当时魏国宰相惠子怕庄子抢了自己的宰相之位，派人到处抓庄子，于是庄子就讲了一个故事讥讽惠子：

南方有一种鸟叫凤凰，这凤凰从南海飞到北海，一路上不管再累再饿，只要不是梧桐树它都不会停留在上面进行片刻的歇息，不是甜美的泉水它一口都不会喝。有一次，一只鸱鸟捡到了一只死老鼠，它非常开心，正准备享用这只老鼠，此时凤凰从它面前飞过，鸱鸟以为凤凰要跟

它抢死老鼠，于是立马大声吓唬凤凰！

在这个故事里，鸱与凤凰明显担任了不同的角色，鸱变成了一个斤斤计较、只知道蝇头小利的人，这是庄子在讥讽惠子就是那只鸱鸟，这个在惠子眼中无比重要的宰相之位，在庄子的眼中不过是一只死老鼠而已，看都不值得一看。

此时鸱的地位已经远远比不上凤凰，在远古时期，鸱作为沟通阴阳两地的使者，如今却变成不吉利的象征，实在是令人唏嘘不已。

原典重现

　　又西二百二十里，曰三危之山，三青鸟居之。是山也，广员百里。其上有兽焉，其状如牛，白身四角，其豪如披蓑，其名曰徼狁，是食人。有鸟焉，一首而三身，其状如鸦，其名曰鸱。

　　　　　　　　　　　　　　　　——卷二·西山经

当扈

光明之鸟

　　从申山向北一直走，中间经过鸟山，虽然名字中有"鸟"字，但山上多是树木和铁等物，没有什么特别的鸟。从鸟山向北走一百二十里便到了上申山，此处有一种特别的鸟类，形状像野鸡，凭借着自己长长的胡子飞翔，被人们叫作当扈。上申山中不长草木，漫山遍野都是大石头，山下长着很多榛和楛，有白鹿在里面奔跑、跳跃。

　　当扈有一个非常神奇的功能，它的肉可以帮助人们眼睛明亮，还有一种说法是让人们不再眨眼。传说汉代就曾经以当扈肉作为军中的食粮，这样能够帮助军人时刻保持警醒，从而大获全胜，后世这种说法却逐渐消失了。

　　当扈鸟的这种神奇技能离不开它本身的努力，传说在很早以前，当扈鸟的眼睛也不明亮，它的眼睛看起来好像蒙着一层灰灰的膜布，为了防止在飞行的时候碰到头，所以它总是使用自己的胡子飞翔。当扈鸟独自生活在一片区域里，天天无忧无虑，也不与山中的其他野兽打交道，对任何事情都无欲无求，因此对自己的眼睛看不清楚也毫不在意。

直到有一天，山上不知为何来了很多动物，当扈鸟去寻找食物时路过这群动物，偶然间听见它们对山上的白鹿说："我们已经去过了很多山，我们希望可以游遍天下。"白鹿询问它们其他的山上风景如何。这群动物便开始滔滔不绝地讲述自己的所见所闻，当扈鸟听见羡慕极了。

当扈鸟也想去外面的山上转转，去看一看其他的景物，美丽的树木、清澈的河流都深深吸引着它。于是当扈鸟决定让自己的眼睛亮起来，好

去外面看看。它开始每日吃健康的食物，多出去飞翔，专门寻找神医询问自己的眼睛状况，终于在一个春暖花开的日子，当扈鸟的眼睛好了。

由于当扈鸟的眼睛变好了，所以人们以为吃了它的肉也就能让自己的眼睛变好。其实，传说都有一定的神话色彩。要想眼睛好，大家一定要多运动，少看电子产品，保护好自己的眼睛。

原典重现

又北百二十里，曰上申之山，上无草木，而多硌石，下多榛、楛，兽多白鹿。其鸟多当扈，其状如雉，以其髯飞，食之不眴目。汤水出焉，东流注于河。

——卷二·西山经

人面鸮

崦嵫山怪鸟

崦嵫(yān zī)山在今天的甘肃省，传说是日落的地方，此地景色十分美丽，山上长着很多丹树，它的叶子像构树叶，红色的花萼上有黑色的纹理，结出的果实像西瓜一般大，吃了它可以治疗黄疸病，也可以用来防火，或许就和现在的火灾警报器一样。山的南面生活着很多乌龟，北面则蕴藏着玉石。崦嵫山中活跃着许多动物，有长着马一样的身子、鸟一样的翅膀、人一样的脸、蛇一样的尾巴，喜欢把人举起来的孰湖；还有一种形状像猫头鹰的鸟，它长着和人一样的脸，身子像长尾猿一样，后面却是狗一样的尾巴，它的叫声像是在喊自己的名字，它在哪里出现，哪里就会有大的旱灾发生，人们把它叫作人面鸮。

在自然界中不乏长得像人脸的动物出现，人们在看到这种动物时，往往会感到害怕，因为一张人们所熟悉的人脸，却出现在了一个人们不熟悉的动物身上，这种陌生感令人感到诧异。在《山海经》的记载中，长着人脸的动物并不少见，但我们今天所了解的这个动物，它不仅长着和人一样的脸，它的其他身体部位也十分奇怪，好像是各种各样的动物组合而成的一样。

之所以会出现这种情况，传说也是人面鸮自身的原因。人面鸮原本和猴子、野狗等动物一同生活在崦嵫山上，但这种鸟十分贪婪凶狠，经常捕猎身边的这些动物，把它们通通吃掉。久而久之，人面鸮的身体逐渐发生变化，长出了多种动物的器官，拥有了猴子的身子和狗的尾巴等特征。每当天下出现大旱，山中的动植物数量大量缩减，人面鸮就会跑到山下掠夺村民的牲口，以此果腹。因此便有了"见则其邑大旱"这一说法。人面鸮由于其惊悚的外形和独有的特征，从此便被人们视为不吉利的象征。

从人面鸮的故事中我们可以学到，做坏事是不可取的，大家要行好事，做善

事，不要留下恶的种子。

　　西南三百六十里，曰崦嵫之山，其上多丹木，其叶如榖，其实大如瓜，赤符而黑理，食之已瘅，可以御火。其阳多龟，其阴多玉。苕水出焉，而西流注于海，其中多砥砺。有兽焉，其状马身而鸟翼，人面蛇尾，是好举人，名曰孰湖。有鸟焉，其状如鸮而人面，蜼身犬尾，其名自号也，见则其邑大旱。

——卷二·西山经

竦斯

亲人的异鸟

　　在灌题山也就是当今的格尔山，上面生活着很多动植物，其中最多的植物当数臭椿树和柘树。山下有很多流沙，里面埋藏着很多细磨刀石，匠韩水就是发源于此，向西流入泑泽，水中还隐藏着很多磁石，我国的四大发明之一——司南，就是利用磁石制作而成的。山中有一种野兽，形状似牛，长着白色的尾巴，它的叫声好像人在大喊大叫，人们把它称作那父。山中还有一种鸟，形状像雌野鸡一样，长着人一样的脸，见到人就很活跃，活蹦乱跳，它的名字叫作竦（sǒng）斯，叫声像是在自呼其名。这种鸟类十分亲近人类，一点儿也不害怕人，它把人类当作它最好的朋友。

竦斯的外表十分精致，身上有七彩的羽毛，虽然长着和人一样的脸，但是人们并不害怕它，这可能和它温和的性格有很大关系。

　　相传在古代，竦斯鸟的数量十分少，它们的性格很害羞，不会轻易和其他动物打交道。由于凶兽太多，竦斯鸟为了保全自身种群变得十分谨慎，不轻易相信任何人或者动物，它们就在灌题山上无忧无虑地生活。

　　后来由于天地间阴阳失衡，突然发生大旱，各个山上的动植物数量都有不同程度的缩减，一些野兽没有了食物来源，它们便把目光投向了

竦斯

其他山上的动物。由于竦斯鸟极少与外界交流，它们并没有得知这个消息。于是在某一天，很多凶兽涌入灌题山捕捉竦斯。

正当竦斯遭受灭顶之灾时，有一群人恰巧来到此处寻找可吃的动植物，他们看到竦斯遭受捕捉，见它们外形十分精巧，又长着和人类相似的脸，便起了恻隐之心，放箭赶跑了这群野兽，救下了竦斯。从此以后，竦斯每次见到人类便会十分开心，它们觉得人类善良极了，到了人类身边觉得十分安全。

竦斯与人类的美好情谊可以给我们一个小小的启示：我们对世界抱有善意，世界也会以善意回报我们。

原典重现

又北三百二十里，曰灌题之山，其上多樗柘，其下多流沙，多砥。有兽焉，其状如牛而白尾，其音如训，名曰那父。有鸟焉，其状如雌雉而人面，见人则跃，名曰竦斯，其鸣自呼也。匠韩之水出焉，而西流注于泑泽，其中多磁石。

——卷三·北山经

橐𩇯

不畏雷的怪鸟

在现今的陕西省蓝田县有一座羭次山，现在人们也称它为终南山，山上有一条漆水，向北流入渭水中。山上生长着很多棫树和橿树，山下

长着许多小竹，山的北面有许多赤铜，南面则埋藏着很多婴垣玉。山中有一种像猴子一样擅长投掷的动物叫作嚣；同时还有一种鸟，形状像猫头鹰，长着人一样的面孔，只有一只脚，它的名字叫橐𩇓 (tuó féi)。这种鸟的生活习惯与其他动物是反着来的，其他的动物往往是在冬天进行冬眠，可橐𩇓不同，它是冬天活动，夏天蛰伏。人若是吃了它的肉，便不会再害怕雷声了。

关于这种奇鸟，民间还流传着这样一个故事，说是在很早以前的一年冬天，山林中的很多动物都在冬眠。这一年下了很大的雪，大雪封山，春天迟迟未到，人们只能依靠自己储存的粮食支撑生活。小孩子们在家中闲不住了，他们商量着要出去看看里面是不是有还没有冬眠的动物。人们怕出现什么意外，所以一直不同意孩子们去森林中，可是耐不住小孩子的软磨硬泡，于是便派了一位家长跟着他们一起前去。

当时这群孩子就在林子里四处寻找，突然天空中传来一阵"扑棱扑棱"的声音，大家抬头望去，发现是橐𩇓飞过去了，它的翅膀很大，浑身黑黢黢的，快速扇动着翅膀，好像后面有什么东西在追赶它一

样，急速飞走了。等橐蜚消失在大家的视线中之后，天空中慢慢飘下来了几片羽毛，孩子们把羽毛捡起来，这羽毛上面还带着一点血肉，看来橐蜚应该是受伤了。

这羽毛看起来轻飘飘的，可拿在手中却觉得很有分量，并且有一股灼热的气息，正当大家感到奇怪的时候，天上却轰隆隆响了起来，怎么冬天还会响雷呢？大家来不及思考，那位家长就喊着孩子们向外跑，可是来不及了。天空中紧接着便劈下了一道雷，这道雷将地面劈出一道焦黄的痕迹，大人急忙将孩子聚在一起护在自己身下，眼见着这道雷就要劈过来了，此时橐蜚出现了，它张开自己的翅膀为他们挡下了这道雷，大家抓紧时间跑了出去。

过了一会儿，等大家再进去看，橐蜚已经消失得无影无踪，只在地上留下了几片羽毛。孩子们将羽毛小心翼翼捡起来，揣在怀中回了家。

大家回到家向村民们说了这件事，为了感激橐蜚，他们将掉落下来的羽毛做成了护身符，戴在了孩子们的身上，并专门画了它的画像摆在家中，日日供奉它。

> **原典重现**
>
> 又西七十里，曰翰次之山，漆水出焉，北流注于渭。其上多棫、橿，其下多竹箭，其阴多赤铜，其阳多婴垣之玉。有兽焉，其状如禺而长臂，善投，其名曰嚣。有鸟焉，其状如枭，人面而一足，曰橐蜚，冬见夏蛰，服之不畏雷。
>
> ——卷二·西山经

寓鸟

虢山上的吉鸟

虢山大约在我国的西北地区，资源十分丰富，山上长着很多漆树，山下长有许多桐树和椐树，山的南面有许多玉，北面有许多铁，伊水就发源于这座山，向西流入黄河。山中的野兽多是骆驼，鸟类多是寓鸟，这种鸟的形状与老鼠相似，长着鸟一样的翅膀，发出的声音像羊的叫声，人们可用它来防御兵器的伤害。

寓鸟是一种很善良的鸟，它的脾气很好，几乎有求必应。它的羽毛有一种神奇的功能，可以减少人们受伤害的次数，能够抵御武器的伤害。正是因为这一作用，很多山中的动物都会向寓鸟寻求一根羽毛，以此作为自己刚出生的孩子的护身符，寓鸟面对这种请求，几乎次次都答应。

在很长的一段时间里，寓鸟都生活在山上，从来不去其他的地方。后来各个山上互通有无，其他山上的动物发现虢山上的小动物都佩戴了一种羽毛，它们感到很奇怪，于是便询问这是什么。后来得知这种羽毛像护身符一样，于是寓鸟羽毛的神奇功能便传开了，大家都来找寓鸟，想要一根羽毛。

人类不知道从哪里听说了这个消息，也上山来找寓鸟，并且他们希望能够逮到一只寓鸟回家圈养起来，这样什么时候想要羽毛就有羽毛了。

寓鸟虽然性格温柔，但绝不是那种任人摆布的鸟，因此在看到山下的人来逮自己的时候，它们便派出一只信鸽前去其他山上通知各种野兽。很多凶猛的野兽都曾经收到过寓鸟的羽毛，因此大家不约而同地来到虢

山准备迎战。

　　战争一触即发之际，寓鸟族群中的一位长者站出来说："这场仗打不得。"其他的寓鸟不明白为什么。原来在很早以前，人类曾经帮助它们度过了一场饥荒，那时候山上发生了一场很大的饥荒，草木不生，没有什么东西可吃，于是寓鸟就飞往山下寻找食物。当时山下的人看寓鸟瘦骨伶仃，十分可怜，于是就从自己的粮食中节省出一些来喂给它们。

　　寓鸟族的那位长者说："如今，人类既然要求我们的羽毛作为护身符，那我们没有理由推辞，不过，想要囚禁我们是不行的。"

　　于是，这位长者将洞中收藏多年的寓鸟羽毛拿出来送给了人类，并且告诉他们算是偿还了以前的救命之恩，以后就不要再来了。

人类答应了，他们拿着这些羽毛高兴地回到了山下，后来这些羽毛如何被使用，又被谁给使用了，就不得而知了。

> **原典重现**
>
> 又北三百八十里，曰虢山，其上多漆，其下多桐椐。其阳多玉，其阴多铁。伊水出焉，西流注于河。其兽多橐驼，其鸟多寓，状如鼠而鸟翼，其音如羊，可以御兵。
>
> ——卷三·北山经

胜遇

玉山奇鸟

玉山是神话中西王母居住的地方，西王母掌管天上的灾疫和刑罚。西王母形貌虽然像人，蓬散的头发上也戴着美丽的头饰，但身后拖着一条豹尾，口中是像老虎一样尖锐锋利的牙齿，经常在山中长啸来震慑其手下的动物们。

玉山中值得注意的有两种动物，一种是看起来十分凶猛的野兽——狡，它身上长着豹纹，头上的角坚硬弯曲，经常发出像狗一样的吠叫，吓得山中的动物一激灵。不过别看它长得凶，它出现在哪个国家，哪个国家就会获得大丰收。山中还有一种鸟类——胜遇，它和狡的关系不是很好，胜遇的体形小小的，像长尾的野鸡一样，羽毛是十分鲜艳的红色，它不吃草反而喜欢吃鱼，发出的声音像鹿的叫声，它出现在哪个国家，

哪个国家就会发生水灾。

胜遇在山中经常和狡打架，作为这座山上数一数二的高手，胜遇经常为谁排在前面而争吵甚至大打出手。狡身体庞大，力气出众；胜遇虽然看起来瘦弱，但是灵敏机警，头脑活跃，因此即使它们告到西王母和山神那里，大家也没办法给它们分出一二。

胜遇的性格十分争强好胜，它见西王母和山神分不出来，便自己私底下事事都要和狡一较高下。那个时候，狡负责巡逻山下的村庄，经常下山看看有没有什么其他凶猛的野兽出来危害人间。它一出现，很多偷吃粮食的动物便会悄悄逃跑，因此每次狡出现，都会给人们带来好事。时间久了，人们发现它的出现总是代表着粮食的丰收，于是便十分喜欢狡，夸赞狡是一种吉祥的动物。

胜遇见狡如此受到人类的关注，心中不甘示弱，便也想着去山下让人们知道它的厉害。胜遇原本是管着山中的河流的，因此它就利用这一优势，时不时给山下的河流注入很多水，一开始胜遇的确是受到了人们的喜欢，因为河流的水帮助人们解决了土地干旱期间的燃眉之急。可是后来，胜遇见大家都很喜欢水，于是不分青红皂白地给村里的河流注入了太多的水，它不了解山下的情况，因此给山下的人们造成了水患。于是当胜遇兴高采烈地想要下山去找人类的时候，发现大家根本没有时间理它，都在忙着抢救自己的家园。

胜遇知道自己这次做错了事情，但它认为这只是偶然的事情，并没有详细地了解村民的耕种习惯，因此等来年，山下的村庄恢复生气之后，胜遇又做了同样的事情，村民们刚刚把种子播种下去，河中突然涨水，淹没了田地。

大家十分悲伤，此时恰逢狡到山下来发现了这一情况，它向山神报告了这一突发状况。山神经过调查，发现是胜遇在其中搞鬼，于是山神带着胜遇来到人们的面前，让它看看这些人悲伤的神情以及由于去年没有好收成而造成的消瘦面孔。胜遇终于意识到自己过于自以为是，于是它再也没有做过类似的事情，此后便一直在玉山中安静地生活，不再随意找事了。

由此可见，我们做任何事情都要了解清楚，不要因为一时兴起就去做，冲动下的决定往往不会有好的结果。

原典重现

又西三百五十里，曰玉山，是西王母所居也。西王母其状如人，豹尾虎齿而善啸，蓬发戴胜，是司天之厉及五残。有兽焉，其状如犬而豹文，其角如牛，其名曰狡，其音如吠犬，见则其国大穰。有鸟焉，其状如翟而赤，名曰胜遇，是食鱼，其音如录，见则其国大水。

——卷二·西山经

鵕鸟
孕育干旱的灾鸟

从峚山向西北走四百二十里，这里的钟山和峚山有不解之缘。峚山中有一条河流，水中藏着很多珍贵的白玉和玉膏，用玉膏涌出之地的水来浇灌丹木，时间久了，丹木便会呈现出五种清新的色彩，发出五种芬芳的香味。于是黄帝便取峚山之玉的精华，将其投在钟山的南面。钟山的南面便生长出许多精美的玉石，质地坚硬而如粟米，精密细致，浑厚润泽有光彩。

在这座宝山里，生活着一种鸟，名字叫鵕（jùn）鸟，是钟山山神的儿子鼓所化，形状像鹞鹰，身上有黄色的斑纹，底下是红色的爪子，白白的脑袋上是又长又直的嘴，好像随时要把猎物捕捉走。它发出的声音与天鹅的叫声相似，它在哪座城邑出现，哪座城邑就会出现旱灾。

鼓为人时是人面龙身，当年他与钦䲹（pí）联手在昆仑山的南坡杀死了天神葆江，黄帝因此将鼓与钦䲹诛杀于钟山东面的崤崖。

人面龙身的鼓作为山神烛阴的儿子，性情很是不羁，他妄想要长生不死，因此就联合钦䲹前去偷取不老药。传说不老药在昆仑山、灵山十巫以及天神葆江这三处，二人觉得在前两处拿到不死药的概率很小，于是就将目光投向了天神葆江，不过两人最终还是没有偷到。当鼓被杀后化为鵕鸟，并没有改掉其不好的脾气，总是急急躁躁地出现，并且每次都给人类带来干旱，时间长了，人类便不再喜欢这种鸟了。

纵观整个《山海经》，鵕鸟所预示的旱灾和枸状山中的蚩（zī）鼠、

峚崝山的䍿湖、令丘山的颙鸟所显示的功能一样，都是带来旱灾的鸟，并且它们的外貌特征都指向了同一种动物——猫头鹰或者鸱鹰。猫头鹰通常以鼠类为食，根据科学资料记载，大旱季节，往往会导致鼠患，因此猫头鹰大量出现。所以，人们在经过实践总结之后，认为这种鸟的出现，往往会带来旱灾。

其实这种能够预示灾害的鸟类在我们现代社会往往能够找到对应之物，它们是我们的先祖在当时直观感受到的一种形象，往往经过了臆想和加工，因此才会有在现在看来不可思议的动物。

我们要相信科学，在科学的基础上大胆展开想象，如此才能够发展文明，让社会变得更好。

原典重现

又西北四百二十里，曰钟山。其子曰鼓，其状如人面而龙身，是与钦䴔杀葆江于昆仑之阳，帝乃戮之钟山之东，曰崤崖。钦䴔化为大鹗，其状如雕而黑文白首，赤喙而虎爪，其音如晨鹄，见则有大兵。鼓亦化为鵕鸟，其状如鸱，赤足而直喙，黄文而白首，其音如鹄，见则其邑大旱。

——卷二·西山经

酸与

秃头的鸟儿

景山的地理位置很优越，我们站在景山上，向南可以望见盐贩泽，向北可以看到少泽，一望无际，十分辽阔。景山上的生态系统也很丰富，生长着很多草和山药，其中的草大多是辣椒，人们经常用它来解寒取暖；山的北面覆盖着厚厚的一层红土，南面则隐藏着很多玉石。山里没有什么其他的生物，最常见的就是一种鸟类，它的形状与蛇很相似，长有四只翅膀、六只眼睛、三只脚，名字叫酸与，它发出的叫声也是在喊"酸与，酸与"，它在哪里出现，哪里就会有使人惊恐的事情发生。

其实说酸与鸟与蛇很相似大概是指它的脖颈处和蛇一样，都是光溜溜的，又细又长。而这种鸟的到来之所以会使所在地发生令人惊恐的事情，恐怕是因为它的外貌。

酸与鸟长得实在是又奇怪又令人害怕，你看它那六只小眼睛挤在小小的一个脑袋上，脑袋上面光溜溜的，底下的脖子也是滑滑的，看起来就令人产生恐惧的心理；外加它还有四只大翅膀，这在它那不大的身子上显得有些突兀，整体看来，酸与鸟的外貌确实有点令人生畏。

　　酸与鸟其实是一种很内向的鸟，它知道自己的外形容易吓到别人，因此经常待在家中不出门。传说景山山神在某一天找到了它，交给了它一项任务，让它肩负起惩罚坏人的职责。

　　酸与鸟接了这个任务却不知道怎么办，于是它先悄悄去了人类的环境中。酸与鸟先是到了附近的一座小村庄，刚进村子就看见有一个年轻人

正在殴打一位老人。

情急之下，酸与鸟忘记了自己的样貌，它立马上前喝止年轻人，谁料年轻人一看见酸与鸟，就被它吓得晕了过去。酸与鸟没工夫搭理那个年轻人，赶紧把老人搀扶起来，老人站起来和酸与鸟道谢并请邀请它前去家中坐一坐。酸与鸟感到十分奇怪，为何这位老人不怕自己的样貌呢？

细问之下才知道，老人眼中的酸与鸟就和神鸟是一样的，浑身散发着金色的光芒，虽然也是原本的模样，不过看起来就令人心生喜爱。酸与鸟抱着满腔困惑前去询问山神，山神回答它说："心地善良的人看见你，自然不会害怕；若是心有恶念，自然会觉得害怕。"

酸与鸟知道了这件事以后，心中也知道如何惩治恶人了。后来它经常去村子里惩罚那些不讲道德、没有道义的人，每次坏人都会被吓到，或是摔破了头，或是摔断了腿，因此后来就说酸与鸟一出现就会带来一些不好的事情。

原典重现

> 又南三百里，曰景山，南望盐贩之泽，北望少泽。其上多草、薯芋，其草多秦椒；其阴多赭，其阳多玉。有鸟焉，其状如蛇而四翼、六目、三足，名曰酸与，其鸣自诐，见则其邑有恐。
>
> ——卷三·北山经

蚩鼠

枸状山上的禽鸟

枸状山是一座名副其实的宝山，山上蕴藏着很多金和玉，山下则有很多青绿色的玉石，可以用来制作颜料或者装饰品，十分受欢迎。保护这座山的有两种动物，其中一种野兽形状像狗，长着六条腿，名字叫作从从，它发出的叫声也像是在呼喊自己的名字；除此之外，山里还生活着一种鸟，这种鸟看起来和家中养的小鸡一样，不过却长着老鼠一样的尾巴，因此人们把它叫作蚩鼠，它在哪个地方出现，哪个地方就会发生大旱灾。这座山上有一条河流——泿水，它向北流入湖水，水中有很多箴鱼，它们的形状像儵鱼，嘴巴像长针，人吃了它的肉就不会染瘟疫。这座山上丰富的资源吸引着人类，但人类并不敢随便前去，因为山中的动物可不是好惹的。

蚩鼠是一种很记仇的动物，传说在很早以前，蚩鼠并不管这座山上的事，它每天最常干的事情就是找自己的同伴出去玩，一会儿去河里找箴鱼，一会儿又要上山打地洞，捉迷藏，把宝石藏来藏去。虽然没有接到山神的指令，但在蚩鼠心中，它天生就是要守护这座山，守护自己家园的。

这样悠闲的生活不知过了多少年，突然有一天，山上来了一大群人，他们身边还带着不知道叫什么名字的野兽，这种野兽体形健硕，手上拿着树枝和藤蔓做成的武器，长得和冬眠的黑熊一样。他们四处挖掘，当他们在山上挖到宝石的时候，蚩鼠听见这群人发出了贪婪的笑声。

蚩鼠心中明白，假如不阻止他们，任由他们继续挖掘破坏下去，这座山肯定会变成废山。于是蚩鼠趁着晚上这群人休息，利用自己小巧的体形，巧妙躲过了这群人的眼线，偷偷去山洞中找到了自己的好朋友从从，在山洞中商讨计划，如何才能将这群人赶下山去。

蚩鼠知道如果硬碰硬肯定会失败，于是它和从从联合山中的动物们埋伏在一些险要地带，等第二天这些人和野兽出来的时候，就趁机飞到或者爬到他们的身上，啃咬他们的脖子。在这场战争中，双方损失惨重，人类带着大黑熊逃下了山，山上的动物尤其是蚩鼠更是接近灭绝的境地，但它们一点儿也不后悔，仍然一心一意地守护着这座山。

后来蚩鼠向山神申请了一个独特的技能，每当有人类来到山上搞破坏的时候，蜚鼠就会先派从从了解这群人来自哪里，然后蜚鼠就会到那里去给他们带来干旱。

> 又南三百里，曰枸状之山，其上多金玉，其下多青碧石。有兽焉，其状如犬，六足，其名曰从从，其鸣自诙。有鸟焉，其状如鸡而鼠毛，其名曰蜚鼠，见则其邑大旱。泜水出焉，而北流注于湖水。其中多箴鱼，其状如儵，其喙如箴，食之无疫疾。
>
> ——卷四·东山经

絜钩

带来瘟疫的灾鸟

硬（yīn）山是《山海经·东次二经》记载的山脉中的最后一座山，坐落在凫丽山南五百里的地方，此山南面临近硬水，东面是一片平坦地带，可远远地看到湖泽。山中生活着一种野兽，看起来和马差不多，但头上有四只角，眼睛和羊的一样，尾巴则像短短小小的牛尾巴，它的叫声像狗吠声，综合看下来，仿佛一个"四不像"，人们把这种动物叫作峳（yóu）峳，它出现在哪个国家，就证明哪个国家有很多心面不一的狡猾的人。此外山中还有一种鸟值得一提，它的外形和鸭子相似，却远远没有鸭子那样受人欢迎，身后拖着一条细细长长的像老鼠一样的尾巴，人们把它叫作絜钩（xié gōu）。它出现在哪个国家，哪个国家就会有瘟疫。

其实要说絜钩真的很冤枉，它偶然间得了个"带来瘟疫"的名号。絜钩其实是喜欢看热闹的鸟，一次，它们得知一座山上不日要更换管理者，就想过去看看怎么选拔，等到了那里之后，它们发现那座山上因为产生了内乱，野兽们正在相互厮打。

絜钩虽然喜欢看热闹，但胆子很小，见了这种事情，慌乱地不知如何是好。幸亏在此时，一位山神下来保护了絜钩，絜钩十分感激这位山神，极力想要报答他。这位山神是从人类修炼成神仙的，因此对人世间十分关注，他便拜托絜钩时不时去人间转一转，看看有没有什么大事发生。

絜钩答应了这项请求，况且它们本就喜欢四处看。于是絜钩将自己的族群分为好几个部分，大家结伴去游历人间。但絜钩鸟每次都是在事情出现之后才会了解，然后去到那个地方，因此每次向山神汇报的时候，多数都是一些瘟疫、旱灾或者战争之类已经发生的大事情。

其实絜钩出现在很多混乱的事件中，人们只在发生瘟疫的时候看见了它，因此就给它安上了这样一个不好的名号，真是一件阴差阳错的事啊！

原典重现

又南五百里，曰硬山，南临硬水，东望湖泽。有兽焉，其状如马而羊目、四角、牛尾，其音如嗥狗，其名曰峳峳，见则其国多狡客。有鸟焉，其状如凫而鼠尾，善登木，其名曰絜钩，见则其国多疫。

——卷四·东山经

𪃂雀
吃人的怪鸟

北号山临近北海，大约在今天的山东省境内。山中长有一种外形像杨树，开红色花朵的树木，它的果实和小枣差不多，但里面没有核儿，味道酸甜可口，吃了这种果实就不会患疟疾。山下的人类虽然一直想要这种果实，但却不敢上山来找，因为山中还生活着两种特别凶猛的动物。其中一种野兽名字叫猲狙(jié jū)，它的身型与狼相似，长着红色的脑袋、老鼠一样的眼睛，时不时发出像猪一样的哼叫声，它经常会吃掉上山来的人；还有一种鸟——𪃂(qí)雀，外形虽然和鸡一样，但性格却凶狠多

了，并且它长着白色的脑袋，拥有像老虎一样锋利的爪，不过底下的脚和老鼠一样小，它虽然是在空中飞的，不过也经常吃人。正是因为有这两种动物的存在，因此没人敢打这座山的主意。

不过在早先的传说中，山上的果实其实原本就是供大家拿取的，猲狙和鴸雀当时也只是守护在果树的身旁。如果有人想要多拿，大家都会提前对猲狙和鴸雀说明原因，多年下来一直相安无事。

随着时间的流逝，人世间风云变幻，这种果实也越来越被人们所熟知，一些贪婪的人动了歪心思，他们渴望获得更多的果实，以此牟利。于是有人开始四处游说上山取果实的人，希望得到他们的帮助，以便能够更顺利地杀掉猲狙和鴸雀。

他们制订了严格的计划，打算在带的食物中放上毒药，让猲狙和鴸

雀吃掉。这项计划并没有成功，因为在他们的游说活动中，一位老人拒不合作，并且他还大骂那些人"不讲道义"，他尝试劝告大家放弃这项计划，可是最终还是没有成功。眼见事情如此，老人只好偷偷上山告诉猲狙和魃雀这件事，让它们不要吃人类带来的东西，并且注意安全。

猲狙和魃雀十分生气，在那一天，它们闻到食物里果然有毒药的味道，于是就把所有参与的人都吃掉了，其他人见此，赶紧逃下了山。从此，人们再也不敢随意来北号山上摘果子了。

这仅仅是一个传说，并没有历史考证，不过曾经有学者研究魃雀，认为这种怪鸟其实是分布在哥伦比亚等地区的黑颈叫鸭，这种鸭子的外形几乎和公鸡一模一样，并且它的头部有一圈的白色羽毛。不仅如此，这种黑颈叫鸭虽然名字中有一个鸭字，但它的脚却没有脚蹼，脚趾中间和老鼠的一样，是分开的，综合以上因素，他们认为这种黑颈叫鸭或许是魃雀的原型。

其实无论这种动物的原型到底是什么，我们都要从故事中学得这样一个道理：知足常乐，不要贪心。

原典重现

又东次四经之首，曰北号之山，临于北海。有木焉，其状如杨，赤华，其实如枣而无核，其味酸甘，食之不疟。食水出焉，而东北流注于海。有兽焉，其状如狼，赤首鼠目，其音如豚，名曰猲狙，是食人。有鸟焉，其状如鸡而白首，鼠足而虎爪，其名曰魃雀，亦食人。

——卷四·东山经

𪆫鸟

三只眼的禽鸟

　　我们从草木不生、怪石林立的茍床山一直向东再走三百里，这里有一座首山。它不像前一座山那样荒凉，此山的北面生长着许多构树和柞树，地面上还生长着许多茉和芜菁；南面埋藏着琈珚玉，上面生长有槐树，到了夏季，槐花的味道飘得很远。山的北面有一条山谷，名叫机谷，谷中生活着一种不常与其他动物交流的鸟——𪆫（dì）鸟。这种鸟形状与猫头鹰相似，有三只眼睛，有耳朵，声音像是鹿的鸣叫之声，吃了它的肉可以治疗风湿病。

　　𪆫鸟虽然长得不是很和善，但它聪明又勤劳。它的脑袋上长着三只眼睛，并且这三只眼睛可以各司其职，每当吃饭的时候，它经常一只眼睛

盯着自己的孩子，一只眼睛看着食物吃饭，还剩下一只眼睛四处巡视，时刻观察四方，防止发生危险情况。

䴗鸟之所以这么谨慎，这与其早先的经历是分不开的。䴗鸟不善言辞，它外貌长得和猫头鹰一样，可是身体却比猫头鹰大多了，十分强壮，两只宽阔的翅膀，一次可以飞好远，如此强壮的身体让很多不熟悉䴗鸟的人望而却步。

䴗鸟原本是经常在森林中飞翔的，山中的动物一开始看到䴗鸟的外形都很害怕，所以不敢与之交流。可时间久了，大家都发现䴗鸟并不凶猛，性格反而很温柔，于是大家便和䴗鸟慢慢熟悉了。

䴗鸟有时会到临近山脚的地方寻找食物，这天一个人恰巧从山脚下面经过，看见䴗鸟正在那里飞着找食物，那个人一眼就看见䴗鸟长着三只眼睛。在他们那里，长着三只眼睛的人是很厉害的，就像神话中的二郎神一样。因此这个男人下山以后，向大家大肆渲染了他所看到那个长着三只眼睛的神鸟。

某一天，䴗鸟发现自己好像被人盯上了，它原本以为这些人类和其他的动物一样，只是觉得好奇来看看。可没想到这些人却是想要将它带回家去，䴗鸟虽然战斗力不强，但是它不会任人宰割，它尽力逃脱了人类的追捕，躲到了山洞里。

经过这件事情，䴗鸟意识到自己离人类的世界太近了，于是开始加固自己的巢穴，并且不再居住在山上了。䴗鸟寻找到了一处山谷，山谷很深，平常人类不敢去，于是使安稳地生活在了山谷里。

其实在当今的生物界，仍然有长着三只眼睛的动物，它们大多属于海洋生物，比如三眼恐龙虾、三眼大鼻鳎（tǎ）、三眼斑鲆（píng）等。这些动物生活在海洋中，已经在地球上存在了很长时间，说不准，䴗鸟现在也生活在不为人所知的某个地方。

> 东三百里，曰首山，其阴多穀、柞，其草多荒、芫；其阳多琈珕之玉，木多槐。其阴有谷，曰机谷，多䲹鸟，其状如枭而三目，有耳，其音如录，食之已垫。
>
> ——卷五·中山经

跂踵

独腿的瘟神

复州山是一座神秘又令人不敢接近的山，山中的树木多是檀树，山的南面埋藏着许多黄金，这些黄金十分诱人，但却少有人敢去挖掘。这种情况的出现是因为山中有一种鸟，它的形状与猫头鹰相似，长着一只脚、猪一样的尾巴，这种鸟名叫跂踵（qǐ zhǒng），它出现在哪个国家，哪个国家就会有大的瘟疫发生。正是因为跂踵的这一特异功能，因此大家都不敢去复州山上挖掘黄金，生怕被跂踵发现了，从而受到报复。

跂踵这种鸟原本是治病救人的，当年在天地初开的时候，它与青耕一同诞生在世界上，它们从小一起长大，几乎形影不离，并且一起去拜师。

在学了不知多长时间之后，山神开始给两只鸟分配任务，让它们每日选择一个地方去治病救人。这天，跂踵去了一个村庄里面，这座村庄里有一位年轻人被打断了腿，他的家人请求跂踵前去看看。跂踵在去的路上听见路边的人说，这个年轻人经常欺负自己的兄弟姐妹，受到报应才会被打断腿。

于是跂踵在治疗的过程中向这个年轻人讲述了自己和青耕的故事，它希望借这个故事让年轻人意识到兄弟姐妹是非常珍贵的宝藏，大家应该和睦相处。可谁料这个年轻人听完跂踵讲的故事之后，竟然故意挑拨它们的关系，说青耕现在正铆足了劲要超过跂踵，好收获山神的喜欢。跂踵听见这话，忍不住惊呆了。

跂踵回到山上之后，恰巧青耕也回来了，它带回来了一袋金灿灿的东西，师父看起来也很高兴，夸赞了青耕。跂踵想起来山下年轻人说的话，于是心中就和青耕有了隔阂，并且总是偷偷观察青耕，并时不时在山神

面前告它的状。

山神在这人世间生活了几百年，一眼就知道跂踵心中在想什么，于是他隐晦地提醒跂踵，希望它不要被一些风言风语所迷惑，可是这种劝告在跂踵听来，却成了师父偏袒青耕的证据。

跂踵越发讨厌青耕了，恰逢此时，师父让它们去山下历练两个月，带回来各自认为最有价值的东西。跂踵下定决心，一定要得到很多金灿灿的东西，于是它便去了一个繁华的小镇上。

在这里，跂踵逐渐意识到金灿灿的东西的价值，它渴望拥有更多金子。于是它想了一个办法，它将一种能够引发瘟疫的东西投到水中，使整个镇子的人都感染上了瘟疫，然后跂踵再熬制草药，让大家从疫病中解脱出来，跂踵趁此得到了很多金子。青耕去了很多地方，帮助人们治病，收到了各种各样的物品。它把物品带了回来，手工编织的篮子里面放着一些挂坠等，这些朴素的东西与跂踵带回来的金子形成了鲜明的对比。

师父让它们说出自己认为这些东西有价值的理由，跂踵非常开心地将这些金子的作用说了出来，大肆渲染金子的珍贵；青耕则说这些东西虽然看起来价值不是很大，但其中包含着大家的心意，所以它们是无价的。听到这两种不同的回答，山神明白青耕赢了，当他说出这一结果的时候，跂踵明显不服气。

山神原本想要留跂踵再在山上学习一段时间，磨一磨它的性子，可此时的跂踵在知道自己输了之后，完全听不进去，它愤恨地走了。

从此，跂踵便到了复州山上，守着那一堆金子，偶尔下山也是给人们带来瘟疫，并且根本不管人类的死活，于是大家都开始讨厌跂踵了。

原典重现

又西二十里，曰复州之山，其木多檀，其阳多黄金。有鸟焉，其状如鸮而一足、彘尾，其名曰跂踵，见则其国大疫。

——卷五·中山经

鸩鸟

女几山的毒鸟

女几山的山上有很多玉石，山下有很多黄金，山中的野兽多为豹子和老虎，还有许多闾、麋鹿、麇、麂等动物，鸟类多为白鷮（jiāo）、长尾的野鸡和鸩（zhèn）鸟。

鸩鸟是一种很厉害的鸟，它的全身各处都有毒，尤其是羽毛。这种鸟之所以含有剧毒，恐怕与它生长生活的地理环境、与所吃的食物有密切的关系。

鸩鸟自古以来就生活在树木丛生、蛇蝎遍地的山林里，它喜欢在很高的毒栗子树上筑巢，这种有毒的栗子树下数十步以内寸草不生，动物们也不敢靠近，因此附近只有一些石头。

其实鸩鸟的羽毛及污垢落下来足以使许多生物枯死，但是只有毒栗子树不怕鸩毒；毒栗子树的果实，人畜吃了要死，但鸩鸟却将其作为美餐，它们两个可以说真是"天生一对"。鸩鸟除了吃这种栗子之外，它也吃毒蛇等毒物，山林内的有毒之物，鸩鸟几乎没有不吃的。

在我们国家的历史上，有不少关于鸩毒的故事，在先秦时期的《左传》一书中曾经记载，用鸩鸟的羽毛轻轻在酒中划过，酒中就会含有剧毒，无色无味，人喝下这杯酒，不过几分钟就会死去。虽然这个记载有夸大的成分，但鸩鸟有毒是被大家所公认的。

传说鸩鸟之前并不在女几山上生活，它生活在南方一座不知名的古山，那里几乎无人敢去，里面生活着很多至今都不被人所了解的动物，鸩鸟就在其中。

某一日，鸩鸟接到了山神的秘密指令，让它前去保护女几山。女几山上的玉石和黄金还有那多种多样的生物很容易受到其他野兽觊觎，因此想要保护女几山的环境不被破坏，这实在是一件难事。

鸩鸟飞到女几山之后，选择了一处少有人去的地带，将家安在了那

鸩鸟

里。没过多久，果然有一群野兽进山了。它们浩浩荡荡地来到了女几山，手中拿着各种自制的弓箭。它们看见麋鹿便开始射，瞬间，女几山上的森林里就响起了纷乱的脚步声。没过多长时间，弓箭在空中发出的"咻咻咻"的声音消失了，很多鹿都死在了这群野兽手中。

鸩鸟看到麋鹿被杀，十分生气，并警告这群野兽不要再觊觎这座山上的任何东西。这群凶残的野兽根本不在乎鸩鸟的警告，反而挑衅地笑了起来，鸩鸟什么话都没说，它将自己的羽毛拿出来，问野兽们敢不敢吃。其中一个野兽一把夺过羽毛就吃了下去，没等这只野兽说话，它便死了，其他的野兽见状，赶紧跑了。

恰巧这件事情被一个上山采药的人看见了，他连忙跑下山向大家说了这件事情，后来人们便知道了鸩鸟的厉害，不敢再随意捕杀女几山上的动物了。

> **原典重现**
>
> 又东北百二十里，曰女几之山，其上多玉，其下多黄金，其兽多豹、虎，多闾、麋、麔、麖，其鸟多白鷮，多翟，多鸩。
>
> ——卷五·中山经

鸟只鵌

降甘霖的吉鸟

从求山向东走二百里有座山，名叫丑阳山，山上有许多椆树和椐树。

山中有一种鸟，它的形状与乌鸦相似，长着红色的脚，这种鸟名叫𪁊𪄕（zhǐ tú），可以用来防御火灾。

𪁊𪄕鸟长得虽然和乌鸦差不多，但是它却比乌鸦受欢迎多了。𪁊𪄕鸟一直生活在丑阳山上，丑阳山上的树木很多，𪁊𪄕就在这树木中间筑巢生活，虽然林子中有很多鸟，但没有一种鸟能够飞得比𪁊𪄕快。

传说丑阳山在现今的河南一带，在远古时期，这里的气候常常十分干燥，有时一年都不下雨，水资源紧缺。村庄里的人常常来丑阳山上砍木，用来建造房屋，久而久之，山中的动物与山下的村民便熟悉了，大家和谐相处，但不幸的事情发生了。

那时候丑阳山已经一年多没有下雨了，这天，天空阴了下来，狂风怒吼，山上的树木被吹得飒飒作响，一道惊雷响过，瞬间劈倒了一棵树，但是此时雨点却迟迟没落下来。𪁊𪄕鸟躲进了山洞里面，山下的村民们也都躲在小屋里不敢出来，不过大家都很开心，毕竟这天气看起来一会儿就会下很大的雨，今年或许就不用愁去哪儿找水了。

这雨过了一会儿便急急忙忙落了下来，好像在赶任务一般，没下几滴，就又匆匆离开了，不过雷声却还没停，时不时传到𪁊𪄕的耳朵中。𪁊𪄕从山洞中飞出来，准备去看看自己的巢怎么样了，在它回巢的路中，又有一道惊雷劈下来。

此时地面根本没被水浸透，整个森林看起来不过是被水浅浅洗了一层。𪁊𪄕鸟眼见着这道雷劈到了一棵树的树干上，紧接着，树干处便开始有小小的火苗出现，不过由于树木刚刚被水浸湿的缘故，所以火苗不大，𪁊𪄕见此，赶紧扇动翅膀下山去找村民。

山下的村民们正在门前看自己的桶里接了多少雨水，看着那还没到一半的水，大家都在叹气，准备着将这些珍贵的水好好储存起来。此时，𪁊𪄕飞来，着急忙慌地喊着起火了！村民们一听这话，连忙拿起刚刚储存下来的珍贵的水就往山上跑去，幸亏起火的地点离山下不是很远，再加上树木有些许湿润，所以赶在火苗变大之前，大家将它扑灭了。

这件事情没过多久，又发生了一次火灾。这天空气十分干燥，太阳热辣辣地挂在空中，半点不留给人喘息的机会。到了下午的时候，又变得狂风大作，雷声阵阵，𩾌𩿊非常紧张，它四处巡逻着，生怕这雷再次引起火灾。

但天不遂人愿，雨还没有下来，一道雷就引起了火灾，此时树木经过长时间的暴晒，十分干燥，地面温度也很高，这火一起来，就开始波及旁边的树木。

𩾌𩿊鸟见此，又赶紧下山，它飞下山告诉村民们带上砍刀来砍树。𩾌𩿊根据火苗的蔓延速度划定了一个圈，告诉人们沿着这个圈将树木全部砍掉，村民们经过不懈努力，终于赶在火苗蔓延到此处之前将树都砍完了。等火苗来到这里，没有什么可燃物，于是火势就慢慢减小了。

经过这两次火灾，𩾌𩿊鸟决定去找山神，希望山神能够提供一个解决的办法。于是山神赐予𩾌𩿊鸟一种神奇的功能，当它见到丑阳山地区需要水的时候，能够通知水神及时降水。

𩾌𩿊在获得这个技能之后，丑阳山再

𩾌𩿊

也没有发生过火灾了，山下的村民也不用再担心没有水了，正是因此，鴚
鵗鸟被认为是能够带来甘霖的吉鸟。

又东二百里，曰丑阳之山，其上多椆、椐。有鸟焉，其状如乌而赤
足，名曰鴚鵗，可以御火。

——卷五·中山经

翳鸟
遮天蔽日的禽鸟

北海之内有一座蛇山，蛇水发源于这座山，向东流入大海。山中有
一种五彩斑斓的鸟儿，名叫翳（yì）鸟。当它们在空中成群飞翔时，能遮
盖住这一片的天空，看起来十分壮观。在蛇山旁边还有一座不距山，工
匠巧倕（chuí）就埋葬在这座山的西边。

在上古的神话中，翳鸟的体形是可以随便变化的。当它们成群生活
在一起时，翳鸟的体形和普通野鸡的大小差不多，但是当翳鸟独自在天
空中飞时，翳鸟可以变换成为比野鸡大几十倍的体形。

翳鸟一般认为是凤凰的一类，或者是凤凰的近亲，它本和凤凰同出
一宗，翳鸟继承了先祖随意变化的技能，生活在远离人烟的地方。

在天地开化之初，当时天地之间一片混乱，黄帝和蚩尤经常发生战
争，有人说当年蚩尤灭亡是因为黄帝手下的能兵巧将众多，而且蚩尤不

熟悉北方的地理环境，外加北方经常会有沙尘暴，迷住了蚩尤的眼睛，所以蚩尤才会灭亡。其实除了这些传说之外，据说当年翳鸟也曾经为黄帝战胜蚩尤贡献过一份力量。

当时皇帝和蚩尤大战时是日夜不分地进行战斗，蚩尤的眼睛中有一只十分厉害，可以看到很远的地方，也可以看透任何东西。黄帝手下虽然有很多厉害的技能，但是每当准备使用的时候，蚩尤的这只眼睛就会率先识别到他们接下来的动作。

正是受到蚩尤这只眼的限制，黄帝的军队无法将所拥有的能力用出来，往往要经过十分艰苦的斗争才能取得胜利。此时，一位智士让黄帝前去寻找翳鸟，翳鸟或许能够遮住蚩尤的这只厉害的眼睛。

当时翳鸟并没有在蛇山居住，它四处游荡，游览天地间的大好河山。黄帝派了很多小动物去探听翳鸟的消息，每当听见翳鸟出现在哪里，黄帝就会不辞辛苦地赶过去，不过常常扑空。经过多方探听，黄帝终于在蛇山上找到了翳鸟，他再一次亲自上门希望能够请出翳鸟帮助他们打败蚩尤，翳鸟经过深思熟虑之后，答应了这件事情。

于是在黄帝和蚩尤打得非常激烈的时候，翳鸟突然出现了，它张开

自己庞大的翅膀，将这一片的天空盖了个严严实实，瞬间蚩尤的眼睛就不起作用了，什么也看不见了。

黄帝已经与翳鸟商量好了计谋，因此在翳鸟出现，天地陷入黑暗，蚩尤的军队乱作一团的时候，而黄帝则早已派人埋伏在蚩尤部队的旁边，趁着天地间一片灰暗时，黄帝的士兵迅速出击，重创蚩尤的军队。在黄帝战胜蚩尤之后，黄帝原本想要好好感谢一下翳鸟，可翳鸟早就飞走了。

翳鸟的性格一直以来就是如此，它虽然长得五彩缤纷，但性格却很是低调，经常都是做好事不留姓名，自由自在地生活着。

原典重现

北海之内，有蛇山者，蛇水出焉，东入于海。有五采之鸟，飞蔽一乡，名曰翳鸟。又有不距之山，巧倕葬其西。

——卷十八·海内经

鸧鹦

厜山的禽鸟

厜（guī）山可谓是风水宝地，山上共有两条河流，一条交觞（shāng）水发源于此山的南面，向南流入洛水；还有一条俞随水发源于北边，向北流入谷水，水中生活着很多鱼。山的北面藏着很多琈珢玉，这种玉在这一片很是常见；西面是一条山谷，名叫蘲谷，谷中生长着很多树木，不过大多数是柳树和构树。到了春天的时候，各种树木抽出绿芽，整个山谷变得活力满满，有鸟儿、蝴蝶飞来飞去，真是一番美景。

说到鸟，这座山中有一种特殊的鸟——鸰鹞（líng yào），形状与山鸡一般，有一条长长的尾巴，嘴是青色的，全身红如丹火，它的叫声也像是在叫自己的名字，人如果吃了它的肉就不会再梦魇。

这种鸟十分漂亮，虽然外形和山鸡一样，但它的羽毛极其艳丽。鸰鹞鸟的性格温柔，心地善良，因此很受山中动物的喜爱和欢迎，并且它还擅长调节山中动物的心理，经常安抚一些心灵受伤的动物，可以说是山中的心理医生。

鸰鹞鸟的这种特性和一种神兽——食梦貘（mò）很相似，食梦貘是以人的噩梦作为食物，假如有人想要让它吃掉好梦，食梦貘是不会吃的。

鸰鹉鸟其实也会吃掉人或者动物的噩梦，但是鸰鹉更为温和一些，还会安抚做了噩梦的人的情绪。

鸰鹉的这种技能自从被发现之后，它便成为受人欢迎的动物。食梦貘没有具体的形态，所以大家没办法找到它；鸰鹉鸟就居住在厖山上，大家便经常去山上求鸰鹉帮助安抚情绪、驱逐噩梦，鸰鹉也很喜欢做这种事情。

不过后来有人发现鸰鹉鸟的肉的效果更强，吃了它的肉完全不会做噩梦，因此人们开始捕捉鸰鹉，鸰鹉只好躲在山中不再出来，渐渐地人们也不能发现鸰鹉的身影了。

随着时间的推移，鸰鹉和食梦貘都消失在了人们的视线当中，不过人们还是会做噩梦，怎么办呢？于是就出现了门神。门神源于古代原始社会时期的原始崇拜，先民们往往以一种动物或者图形作为自己的图腾，认为这个图腾能够保佑自己的族群，后来便逐渐演化为人形。

不过或许是觉得秦叔宝和尉迟恭两人看起来比鸰鹉鸟要强壮，更具威慑力，因此现在每到过年的时候，家家户户的门前都贴着这两员大将。

原典重现

又西十里，曰厖山，其阴多琈珃之玉。其西有谷焉，名曰雚谷，其木多柳、楮，其中有鸟焉，状如山鸡而长尾，赤如丹火而青喙，名曰鸰鹉，其鸣自呼，服之不眯。交觞之水出于其阳，而南流注于洛；俞随之水出于其阴，而北流注于谷水。

——卷五·中山经

鱼虫篇

旋龟

力大无穷的治水好帮手

从前，有座宝藏丰富的山叫杻阳山，山南山北到处是赤金和白金。有一条怪水弯弯曲曲地从杻阳山上流下，向东注入宪翼水。怪水中生活着许多黑红色的龟，它们的形状像普通的乌龟，长着鸟一样的脑袋和蛇一样的尾巴，这种动物叫作旋龟，叫起来声音很难听，就像把木头劈裂开那一瞬间发出的声音一样。

距离杻阳山很远的地方有座密山，密山的北面全是铁矿石，山的南面却遍地美丽的玉石，豪水就从这些玉石间淌过，向南流入洛水。豪水中也有很多旋龟，也长着鸟一样的头，尾巴却和鳖的尾巴一样，发出的叫声也像劈木头的声音。

这两地的旋龟虽然外形稍有不同，却是一个物种，就像我们养的宠物狗，有哈士奇，也有和它外形差不多的阿拉斯加犬。

在上古时期，旋龟是很常见的。因为常见，人们接触多，对它了解也就多。

旋龟有很多用处，人们认为把它们的壳佩戴起来可以防止耳聋，还能医治脚上的老茧；用龟壳当纸，在上面刻字，就是我们现在的甲骨文；用龟壳占卜，来预测事情成败。龟壳因为能预测未来，就有了通天的神

秘色彩。而旋龟因为形状与一般乌龟不同，鸟头蛇尾，就显得更为神圣，传说镇守北方的水神玄武的形象就取自旋龟，与青龙、白虎、朱雀一起，成为"四大神兽"。这四大神兽在古时候一直被认为是驱邪、避灾、祈福等美好寓意。

相传，远古时代洪水泛滥成灾，人们几乎无法生存。天神鲧不忍看到百姓受苦，决定解救苍生，于是他偷偷拿了天帝的神土"息壤"到下界去堵塞洪水。这息壤十分神奇，能自动生长、永不损耗，看着拿在手里是很小的一块，只要一接触地面，马上就会变成大片的高山长堤阻挡洪水。可是鲧只堵不疏，洪水很快就又漫过长堤，越堵越猛，更多的人失去家园和生命。

天帝知道这件事后勃然大怒，加上鲧偷盗息壤，就下令把鲧处死并收回了息壤。人间从此又是漫天洪水，悲剧重现。后来天帝把息壤送给鲧的儿子大禹并命令他治理洪水。大禹花了十三年的时间，疏通河道，筑牢堤坝，用疏堵结合的方法，最终降伏了洪水。

传说大禹治水时，应龙在前面用尾巴划地，指引禹沿着它所划的地方开凿水道，将洪水引入大海；而力大无穷的旋龟则背上驮着息壤，跟在大禹的身后，来来回回忙碌，很快就把恣意的洪水阻挡在了堤坝之外。

> **原典重现**
>
> 又东三百七十里，曰杻阳之山，其阳多赤金，其阴多白金……怪水出焉，而东流注于宪翼之水。其中多玄龟，其状如龟而鸟首虺尾，其名曰旋龟，其音如判木，佩之不聋，可以为底。
>
> ——卷一·南山经
>
> 又西七十二里，曰密山，其阳多玉，其阴多铁。豪水出焉，而南流注于洛，其中多旋龟，其状鸟首而鳖尾，其音如判木。
>
> ——卷五·中山经

鲑鱼

不下水的鱼

在距离旋龟家乡杻阳山东面三百里的地方，有座光秃秃的山，这座山很奇怪，山上有好多小溪小河，水网密布，流水汩汩，不时还能看到瀑布，却看不到半点草木，这座山的名字叫柢山。

在柢山上的乱石中，生活着一种鲑鱼。和这座奇怪的山一样，鲑鱼也很奇怪，这种鱼长得像牛，身后拖着蛇一样细长的尾巴。最神奇的是，它肋骨下还长有一双翅膀，翅膀上还有许多羽毛，它叫起来的声音竟然是和犁牛一样的"哞哞"声。虽然叫鲑鱼，可它却从不下水，只在离水不远的山坡上生活，并且每到冬天都会躲进山洞里呼呼大睡，一直睡到第二年的夏天才会醒来。鲑鱼的肉有很好的药效，人吃了它的肉，就不会再长毒疮。

这种怪鱼的描写引起很多专家的兴趣，后来经过分析，普遍认为鲑鱼就是现在的穿山甲。穿山甲喜欢在水网密布的丘陵地带生活，全身覆

鲑鱼

盖着鳞片，它的脸尤其鼻子和牛十分相似，尾巴和蛇的尾巴一样又细又长，也一样有冬眠的习性，这些与鲮鱼的描述非常一致。穿山甲鳞片入药，有消肿通经络的功效，这和鲮鱼的描述也非常相似。而可能是由于穿山甲身上的鳞片和鲤鱼的鳞片相近，所以《山海经》就把它归为鱼类了吧。

原典重现

又东三百里，曰柢山，多水，无草木。有鱼焉，其状如牛，陵居，蛇尾，有翼，其羽在鲑下，其音如留牛，其名曰鲮，冬死而夏生，食之无肿疾。

——卷一·南山经

赤鱬

智商极高的鱼

在九尾狐的故乡青丘山有一条河叫英水，静谧的英水缓缓向南流注入即翼泽，在英水之中生活着一种奇特的鱼，名字叫赤鱬（rú）。它的长相很离奇，形状如鱼，却有着一张人的面孔，叫起来声音很像鸳鸯的鸣叫，它的肉味道很鲜美，吃了可以不长疥疮。

赤鱬属人鱼类，在上古时期数量很多，常常结伴而行，善于隐匿，很难捕捉。它们的智商极高，很会揣摩人心。

相传很久以前，有个皇帝得了皮肤病，听说吃赤鱬的肉可以医治，

于是就派出了一支军队去抓捕赤
鱬。赤鱬知道这件事之后，
和平常一样悠闲自在，
丝毫看不出一点惊
慌恐惧。但是，当
军队经过沼泽地
时，却掉进了赤鱬布
下的陷阱。原来赤鱬
为了保护自己不受伤害，
就在军队必经的沼泽地，
用水草编制了一张大网，
将沼泽遮住，当军队行进到沼泽
中央最深处时，赤鱬就咬破大网，军队
的人马掉进沼泽，全军覆没。赤鱬凭借自己的智慧生存了下来。

　　赤鱬到底存不存在呢？据专家考证，赤鱬很有可能是一种深海鮭鱼，在日本海曾发现类似赤鱬的标本。

　　赤鱬虽然在我们国家神话中没有太多著名传说，然而它漂洋过海到了日本，却成惊奇神兽。在日本，传说吃赤鱬可以长生不老，而赤鱬的鳞片更成为日本阴阳师制作护身符的极好原料。

原典重现

　　又东三百里，曰青丘之山……英水出焉，南流注于即翼之泽。其中多赤鱬，其状如鱼而人面，其音如鸳鸯，食之不疥。

　　　　　　　　　　　　　　　　　　　　——卷一·南山经

虎蛟

没人敢服用的药材

　　《山海经·南山经》的山系中有一座祷过山，山上遍布金和玉。从这座山发源的一条河叫泿水，泿水向南流入大海，水中生活着虎蛟。

　　一听到虎蛟不要以为是长得像老虎的蛟龙，虎蛟的形状像普通鱼的身子，却拖着一条蛇的尾巴，看起来特别凶，外表凶悍的虎蛟发出的声音却很萌，好像鸳鸯鸣叫。

　　古时候，人们把龙分为五类，蛟属于第三类，有鳞片，可以控制洪水。人们认为蛟龙是水中的霸主，虎则是陆地上的王者。它们的领地意识都特别强，若有谁不小心闯入它们的地盘，就会一拼到底、至死方休。相传，有一只老虎到水潭饮水，潭中的蛟龙认为这只虎侵犯了它的领地，就跳到地面和虎搏斗，结果老虎被蛟用尾巴击晕吃掉了，苏东坡写的一首诗里就说"潜鳞有饿蛟，掉尾

虎蛟

取渴虎"。

据记载，虎蛟还是一味药材，人若是吃了虎蛟的肉就不会生痈肿疾病，还可以医治痔疮。然而数千年来，也没听说过谁用过这个药方，因为在这么凶猛的虎蛟面前，只有它吃人，哪有人吃它的份啊。

原典重现

> 东五百里，曰祷过之山，其上多金玉……泿水出焉，而南流注于海。其中有虎蛟，其状鱼身而蛇尾，其音如鸳鸯，食者不肿，可以已痔。

——卷一·南山经

文鳐鱼

会飞的鱼

在我国新疆莎车县有一座山，名叫泰器山，相传在很久很久以前，观水就发源于此山，它日夜不停地一直向西流淌，最后流入昆仑山西边的流沙大漠。在观水中生活着很多文鳐（yáo）鱼，它们外形很像鲤鱼，有鱼的身子、鸟一样的翅膀，身上还有苍纹，还长着白色的头、红色的嘴。

每当夜幕降临时，文鳐鱼就会跳出水面飞翔，它们的活动范围非常广，有时在西海活动，有时又在东海畅游。文鳐鱼发出的声音和鸾鸡的叫声相似，它的肉不但吃起来味道酸中带甜，而且还有药用的功效，吃

了以后可以医治癫狂病。

文鳐鱼代表着祥瑞，因为只要它一出现，天下就会获得大丰收，所以人们十分喜欢它。

传说古时候歙州赤岭下面，有一条很大的溪流，溪流里的文鳐鱼常常趁着夜色从岭上飞过，有人知道后就张网捕捉文鳐鱼，有的鱼穿过渔网飞走了，而飞不过的鱼就在网中变成了石头，这些人看到捕到的是石头，就扔在岭上。后来每当下雨时，这些石头就变成了红色，这就是歙州赤岭的由来。

经专家考证，《山海经》中的文鳐鱼就是现在的文鳐鱼，又叫飞鱼、燕鳐鱼。它们生活在大海里，温暖的海域常常见到它们的身影。文鳐鱼长着发达的胸鳍，很像鸟类的翅膀，身体像一只织布的梭子。凭借流线型的体态，飞鱼可以跃出水面十多米高，能在空中停留几十秒，最远能飞四百多米。

其实，所谓的"飞"只是飞鱼利用自己身体的特点在水面滑翔。而它们之所以"飞"出海面，也不是为了开心好玩，只是为了躲避水下的金枪鱼、鲨鱼等大型掠食者捕食而已。

原典重现

又西百八十里，曰泰器之山。观水出焉，西流注于流沙。是多文鳐鱼，状如鲤鱼，鱼身而鸟翼，苍文而白首赤喙，常行西海，游于东海，以夜飞。其音如鸾鸡，其味酸甘，食之已狂，见则天下大穰。

——卷二·西山经

冉遗

蛇首六脚的盗梦鱼

从前，有一座山叫英鞮山，山上长着成片的漆树，生活在漆树林里的鸟儿和异兽都是白色的，英鞮山山下有很多金子和玉石。山上的小溪叮咚流淌，汇成涴（yuān）水，蜿蜒曲折一路向北流入陵羊泽。涴水中有很多名叫冉遗的鱼类，它长着鱼一样的身子、蛇一样的脑袋，身下还有六只脚，它眼睛的形状很像马的耳朵，人若吃了这种鱼的肉就不会受到噩梦的侵扰，还可以用它来防御灾祸。

相传，黄帝统一了华夏各部落后，人们过上了宁静而快乐的生活。可好景不长，部落里的人们每天晚上睡觉的时候开始做噩梦，常常会从噩梦中惊醒，人们都心神不宁、疲惫不堪，谁都不知道是什么原因，很是

苦恼。

有一天半夜，黄帝又从噩梦中醒来，毫无睡意，便起床独自到室外散步。刚走到门外，就发现一个奇怪的影子在院子里徘徊，黄帝走上前去，一把抓住它，仔细一看，原来是鱼身、蛇首、六脚的冉遗。经过审问才知

冉遗

道，冉遗白天生活在水里，一到了夜深人静的时候，就会悄悄地溜到陆地上，偷食万物生灵的美梦，不仅如此，它还会顺手留下一个可怕的噩梦。因为没有了争战，人们生活宁静，睡梦特别甜美，美好的气息引得冉遗夜夜来吞食。自此冉遗盗梦的秘密才大白于天下。

后来，又有人捕捉到冉遗，品尝了它鲜嫩美味的肉后，就再也没有受到过噩梦的侵扰了。

原典重现

又西三百五十里，曰英鞮之山，上多漆木，下多金、玉，鸟兽尽白。涴水出焉，而北流注于陵羊之泽。是多冉遗之鱼，鱼身、蛇首、六足，其目如马耳，食之使人不眯，可以御凶。

——卷二·西山经

嬴鱼

可预知水灾的鱼

很久以前，濛水从峰峦雄伟的邦山发源，向南流入洋水，濛水中生活着很多黄色的贝类和嬴鱼。嬴鱼和我们前边讲的文瑶鱼样子差不多，也是长着鱼的身子，有鸟一样的翅膀；不同的是文瑶鱼的叫声如鸾鸡叫，嬴鱼的叫声则像鸳鸯鸣叫。文鳐鱼的出现代表着会获得大丰收，而嬴鱼的出现却预示着会发生水灾。

关于嬴鱼，流传着许多传说。

相传，很久以前有个人叫牛二，有一次，他到濛水边钓鱼，钓上来一条特别小的鱼，就又把鱼放回了水里，那条小鱼回头看了看他就游走了。那时，邦山里有食人兽穷奇，这里的穷奇长得像牛那么强壮、浑身长满尖刺，特别凶狠。牛二钓了一天鱼，夜幕降临的时候准备回家，刚站起身，却发现食人兽穷奇正从背后恶狠狠地向他扑过来，危急时分，只见水中闪过一道耀眼的水柱，一下击中穷奇的头部，这个刚刚还凶猛异常的食人兽顿时"嗷嗷"惨叫着跑了。

这时，一位美丽的女子从水中飞到牛二身边，对他说："我是你放掉的那条小鱼，是来报答你的，十年后我会嫁给你，因为我现在还不能长时间离开水。"牛二高兴地答应了，女子便从身上摘下一条丝带送给牛二。

十年过去了，小鱼经过千辛万苦的修炼，终于可以完成心愿了。她开开心心地来到牛二的村庄，可还没到家门口，就看到一个女子带着一个七八岁的小孩从牛二家出来，身上缠着小鱼送给牛二的丝带。

　　小鱼看到后伤心欲绝，就用妖力发动了一场洪水淹没了村庄，洪水过后，小鱼从残破的村庄拾起了那条丝带，放在肩上，顿时变成了两条翅膀，这条小鱼就是赢鱼。从此以后就有了赢鱼可以操纵洪水的传说。

　　实际上赢鱼是一种善良的鱼类，之所以洪水来临之前都可以看到它，是因为它有预知水灾的能力，它的出现只是为了提醒人们洪水就要降临，而在大禹治水的过程中也曾经误杀过赢鱼。

　　如果真的有赢鱼，你愿意养一条吗？

原典重现

　　又西二百六十里，曰邽山……濛水出焉，南流注于洋水，其中多黄贝、赢鱼，鱼身而鸟翼，音如鸳鸯，见则其邑大水。

——卷二·西山经

鳐鱼和䍺鮃鱼

在蠃鱼的家乡邽山西二百二十里的地方，有座名字很奇怪的山，叫鸟鼠同穴山，为什么叫这个名字呢？是因为这座山上的小鸟和兔子、老鼠等小动物常常会在一个窝穴里居住，它们共同打洞筑巢。动物们干活的时候，鸟儿就会在一旁站岗警戒，如果敌人靠近或有危险来袭，小鸟就会在第一时间发出信号，让小伙伴赶紧躲避。窝穴建好以后，它们会高高兴兴地一起走进去，共同居住。这座山因此而得名。

鸟鼠同穴山的山上遍布如雪一样白的美玉，还有许多白色的老虎，它们在山上来来回回奔忙捕捉食物。山上的溪流汇聚成小河称为渭水，渭水一路蜿蜒向东流入黄河。渭水是鳐（sāo）鱼的家园，鳐鱼形状和鳢鱼相似，颜色灰白，是没有鳞片的大鱼。鳐鱼以水藻为主要食物，也会摄取叶片、沉淀的有机物、浮游生物、水生昆虫等。

有人说鳐鱼是有着预示功能的鱼，它在哪个地方出现，哪个地方就会发生战争。其实啊，是因为鳐鱼太美味，人们只是为了抢夺它而战罢了。

和渭水一同发源于此山的还有滥水，滥水从山的西面流下，向西注入汉水，滥水中有很多䍺鮃（rú pí）鱼，它们长着鸟一样的脑袋，鳍和尾巴却和普通鱼类一样，整个形状像倒扣着的有嘴小锅，它们的叫声十分清脆，像玉石撞击的响声，最神奇的是，这种鱼竟然可以从口中吐出光泽的珍珠、宝玉。

后来人们普遍认为，䍺鮃鱼可能是河蚌之类的生物。河蚌是珍珠的加工厂，当有异物不小心落入河蚌体内后，河蚌就会分泌一种特殊的物质来包

裹异物，时间越长，分泌物越多，就形成了光彩夺目的珍珠。

　　又西二百二十里，曰鸟鼠同穴之山，其上多白虎、白玉。渭水出焉，而东流注于河，其中多鰠鱼，其状如鳣鱼，动则其邑有大兵。滥水出于其西，西流注于汉水，多𧖻鮣之鱼，其状如覆铫，鸟首而鱼翼鱼尾，音如磐石之声，是生珠玉。

——卷二·西山经

滑鱼

名副其实的鱼

　　草木不生的求如山上有很多铜矿，山下有很多玉石。气势奔放的滑水从这里发源，向西流入诸毗水。滑水中有很多河马，它们的形状和马相似，前腿上有花纹，屁股后长着一条牛尾巴，如果有一天，你在滑水边听到有人呼喊的声音却到处找不到人的时候，不要疑惑，那是河马发出的声音。水中还有许多滑鱼，滑鱼看起来很像蛇，背上是红色的，发出的声音好像琴声一样动听。人吃了滑鱼可以治疗皮肤上的瘊子。

　　滑鱼就是现在的黄鳝，适应能力强，在河道、湖泊、沟渠及稻田中都能生存。黄鳝是典型的"夜猫子"，白天它们很少活动，只静静地待在淤泥或石缝中的家里养精蓄锐，等到夜幕一降临，它们就精神抖擞地悄悄外出觅食了。黄鳝吃各种小昆虫、鱼虾，夏天吃得最多，到了冬天，长期不吃也不会死亡。

　　黄鳝的眼睛特别小，像两颗黑色的芝麻粒。嘴巴一张一合的，浮出水面时就会快乐地吐出一串串小泡泡。它的身体和蛇一样是细长的圆筒形，没有鱼鳞，全身能分泌出非常油滑的黏液，摸起来非常光滑，所以，想要捉住它，得轻轻地去

抓。它没有特殊的攻击技能，也没有防御武器，唯一的技能就是"三十六计，逃为上计"，又圆又滑，光溜溜的，一不小心，它就能从你手中溜之大吉。

你抓过黄鳝吗？

原典重现

又北二百五十里，曰求如之山，其上多铜，其下多玉，无草木。滑水出焉，而西流注于诸毗之水。其中多滑鱼，其状如鳝，赤背，其音如梧，食之已疣。

——卷三·北山经

鯈鱼

传说中的"忘忧草"

从前有座带山，带山矿产丰富，山上山下到处是玉石，山中还有很多奇怪的野兽和鸟儿。带山孕育了清澈的彭水，水流曲折徘徊向西注入芘（pí）湖水。彭水是鯈（tiáo）鱼的生活乐园，鯈鱼的形状像雄傲的大公鸡，它有四个脑袋，脑袋上长着大大的鸡冠，鯈鱼的四个头分别朝着不同方向，分工明确，职责轮换，红色的羽毛覆盖着鯈鱼全身，三条尾巴上长着长长的尾翎，像金鱼的尾巴，它的身下长着六只脚。这种鱼从来不知道什么是忧愁，每天都快快乐乐地捕食和游玩，它的声音让人听了很舒服，像喜鹊的叫声。

鮯鱼

鮯鱼是一种非常美味的食材，晋代葛洪就曾说过：鮯鱼的味道太鲜美了，就算是吃到撑死，那也是值得的！当然，这个只是葛洪形容鱼的美味，有点夸张了，大家吃饭一定要科学搭配饮食，定时定量，不要暴饮暴食。

除了美味之外，儵鱼还有个特异功能，那就是"忘忧"。人只要吃了它的肉，就可以忘掉一切痛苦。所以古人在遇到难过的事后，常常会炖一碗儵鱼汤喝。儵鱼在古时候数量是非常多的，就像现在小龙虾那么多，但是，可不能低估我们祖先的实力，儵鱼在唐朝晚期的时候就被宣布吃到灭绝了。

原典重现

> 又北二百里，曰带山，其上多玉，其下多青碧……彭水出焉，而西流注于芘湖之水，其中多儵鱼，其状如鸡而赤毛，三尾、六足、四首，其音如鹊，食之可以已忧。
>
> ——卷三·北山经

一头十身的何罗鱼

在《山海经》原著中，有两处描写"一首而十身"的鱼。

一处是《山海经·北山经》里发源于谯明山的谯明水，水中有很多何罗鱼，它们的样子特别奇怪，一个鱼头后面竟然拖着十条鱼身，而发出的声音像狗的叫声。如果人们吃了何罗鱼的肉，就可以治疗皮肤红肿。

另一处是《山海经·东山经》中发源于东始山的泚（zǐ）水，水中除了有很多美丽的贝类生物外，还有许多茈（zǐ）鱼。这种鱼看起来像鲫鱼，却也是一个脑袋十个身子，它能发出一种奇怪的气味，闻起来很不舒服。

何罗鱼

　　这两个地方都有长着一个鱼头十个身体的鱼，想必你也很纳闷："我去海洋馆、水族馆，也没有看到过一个头十个身子的鱼啊！"

　　查询古籍我们发现，明朝杨慎曾注释过何罗鱼，说何罗鱼即今八带鱼，而八带鱼就是章鱼。书中说的"十身"，并不一定就是身体，也可以是触手。

你了解章鱼吗?

章鱼喜欢钻进动物的空壳里居住。每当它找到了牡蛎以后,就在一旁耐心地等待,在牡蛎开口的一刹那,章鱼就赶快把石头扔进去,使牡蛎的两扇贝壳无法关上,然后章鱼会把牡蛎的肉吃掉。

章鱼的再生能力很强。当章鱼遇到敌害时,有时它的触手被对方牢牢地抓住了,这时候它就会自动抛掉触手,自己往后退一步,让断掉的触手蠕动起来迷惑敌人,趁机赶快溜走,丢车保帅,而过一段时间,断掉的触手还会再长出来。

原典重现

又北四百里,曰谯明之山。谯水出焉,西流注于河。其中多何罗之鱼,一首而十身,其音如吠犬,食之已痈。

——卷三·北山经

又南三百二十里,曰东始之山……泚水出焉,而东北流注于海,其中多美贝,多茈鱼,其状如鲋,一首而十身,其臭如麋芜,食之不糜。

——卷四·东山经

鳛鳛鱼

涿光山的辟火鱼

从前,有一个叫鳛(xí)部的部落,部落里有座涿光山,这里植被非

常好，山上气温较低，生长着很多以松柏等耐寒植物为主的高大乔木；山下温暖湿润、水量充足，棕榈和橿树等需水量大的树种长得枝繁叶茂。羚羊在山中无忧远虑地奔跳玩耍，蕃鸟在林间欢声歌唱。

好的生态环境涵养出丰足的水源，清澈的嚣水就发源于涿光山，嚣

鳛鳛鱼

水是黄河的支流，水中有许多鳛鳛鱼，虽叫鱼，可它们的形状像喜鹊，却长着十只翅膀，鱼鳞均长在翅膀的前端，发出的声音也与喜鹊的叫声相似。它们虽生活在水中，但依靠肺部呼吸，翅膀可以飞，也可以作为鳍使用，以水中的昆虫和小的软体动物为食，可以短暂地飞离河流，捕食空中的飞虫。

相传，鳛部后来有功于周王朝，周王朝在分封诸侯国的时候让他们建立了鳛国，因为饲养鳛鳛鱼可以用来预防火灾，吃了它的肉就不会患黄疸病，所以鳛国的人们认为鳛鳛鱼是吉祥的象征，并把鳛鳛鱼当作他们的图腾。

原典重现

又北三百五十里，曰涿光之山。嚣水出焉，而西流注于河。其中多鳛鳛之鱼，其状如鹊而十翼，鳞皆在羽端，其音如鹊，可以御火，食之不瘅。其上多松柏，其下多棕橿，其兽多羚羊，其鸟多蕃。

——卷三·北山经

鲏鲏鱼

有毒却美味的鱼

从前，敦水从光秃秃的少咸山发源，向东流入雁门水，敦水中有很多鲏（pèi）鲏鱼，人吃了它的肉就会被毒死。

鲏鲏鱼古时称"肺鱼"，经考证，它们就是现在的鲀，俗称河豚，因捕获时发出类似猪叫的唧唧声而得名河"豚"，另外还有"气泡鱼""吹肚鱼""气鼓鱼"等称呼。

河豚体形浑圆小巧，不鼓起肚子时，外形与普通鱼类并没有什么区别，它主要是依靠胸部的两片小鱼鳍游动，这样的体形虽然可以灵活旋转，速度却不快，很

鲕鲕鱼

容易被大型鱼类猎取。可是，别担心，河豚自有异于一般鱼类的自卫方法：当它受到威胁时，就很快地将水或空气吸入胃中，在极短的时间内胀成数倍大小，吓退掠食者，有些河豚身上甚至带有刺，胀起来时全身的刺便会竖起，让掠食者难以下口。

河豚以鱼虾、蟹贝、昆虫、藻类等为食。河豚鱼肉味鲜美但却有剧毒，误食没有处理好的河豚后几分钟，就会出现上腹不适，恶心、呕吐、腹泻等肠胃病症状。然后会手脚无力、发冷，感觉麻木，继而波及全身，语言不清，体温下降，呼吸困难，最后死亡。

河豚这个神奇的鱼，把致毒和极鲜融于一体，让那些爱好美食的人们欲罢不能。据史料记载，苏轼就曾"拼死吃河豚"。文人志士们也纷纷赋诗写词，有了河豚的诸多精彩描述："春州生荻芽，春岸飞杨花。河豚当是时，贵不数鱼虾""蒌蒿满地芦芽短，正是河豚欲上时"等。

你还知道哪些描写河豚的诗词呢?

鰧鱼

善于伪装的鱼

　　很久以前，狱法山上怪石嶙峋，形状似狗却长着人脸的山狰在山中跳跃嬉戏，它很调皮，一看到人就笑，却一边笑一边拿起石块投掷，等人们反应过来呵斥时，它早就迅捷如风，一溜烟逃走了。

　　因为多雨，山上水网密布，众多溪流汇成濊（huái）泽河从狱法山上奔流而下，向东北流入泰泽。濊泽水中生活着很多鰧（zǎo）鱼，鰧鱼的身

鰧鱼

体形状和鲤鱼相似，有较大的鳞片，身体两侧有明显的侧线。胸鳍的位置长着两只鸡一样的爪子。鱲鱼游动时，双足会向后收起，紧贴身体，以减少阻力。

鱲鱼大部分时间蹲守在水草中不动，把自己伪装成植物的一部分，等待小昆虫、软体动物、小虾蟹等游过时猎食，像极了守株待兔的那个人。可"螳螂捕蝉，黄雀在后"，当鱲鱼在水中等待捕食其他生物时，也正是人们捕捉它的最好时机。因为吃了它的肉就能治好皮肤上长的瘊子，所以人们就利用鱲鱼隐藏在水草中不动的习性来捕捉它。鱲鱼肯定自己也不知道，谋生的本领竟成了致命的原因。

> **原典重现**
>
> 又北二百里，曰狱法之山。瀤泽之水出焉，而东北流注于泰泽。其中多鱲鱼，其状如鲤而鸡足，食之已疣。
>
> ——卷三·北山经

鲐鱼

海狗的先祖

海狗是生活在海洋中的哺乳动物，别名海熊。它的头部像狗，圆圆的脑袋，短短的嘴巴，大大的眼睛，小小的耳朵，身体的后半部分像鱼，整个形体头尾小中间大，像个纺锤，看上去憨态可掬，可爱极了。海狗的皮毛浓密光滑，因为和海狮比较像，所以又被称为"毛皮海狮"。

鲐鱼

海狗以鳕鱼和鲑鱼为主要食物，有时也加点海蟹、贝类等当零食，它白天在离岸边不远的近海游玩觅食，夜晚就上岸休息。海狗很聪明，它的叫声很像婴儿的啼哭声。

你知道海狗的祖先是哪种动物吗? 我们一起在《山海经》中找一下答案。

很久很久以前，有座山叫北岳山。山上长着很多木质坚硬的树木，如枳木、棘木等，山中还有奇怪的野兽。诸怀水就发源于北岳山，一路奔流向西汇入嚣水，海狗的先祖鲐 (yì) 鱼就生活在这片诸怀水中。鲐鱼长着鱼的身子，狗一样的脑袋，可以发出如婴儿啼哭般的声音，它们以水生鱼类和贝类为食。

据说吃了鲐鱼的肉还可以治疗癫狂症，这么看来，海狗的祖先还是一味很有用的药材呢!

原典重现

又北二百里，曰北岳之山，多枳、棘、刚木……诸怀之水出焉，而西流注于嚣水，其中多鲐鱼，鱼身而犬首，其音如婴儿，食之已狂。

——卷三·北山经

人鱼

声音像婴儿啼哭的鱼

《山海经》原著中写到像人又像鱼的半人半鱼很多，比如"氐（dī）人""赤鱬"等。而提到"人鱼"的地方就更多了，如竹山的丹水、龙侯山的决决水、熊耳山的浮濠水、傅山的厌染水、阳华山的杨水、朝歌山的沇水等地。今天我们就选龙侯山为代表来说一说"人鱼"。

龙侯山是一座宝藏山，山上有很多的金子和玉石，但光秃秃的，没有生长一棵树和小草。从山上发源了一条小河，名字叫决决水，决决水流到山下向东注入黄河，水中有很多人鱼。

人鱼的形状像鲇鱼，身上长着四只脚，发出的声音就像婴儿的哭啼声。每到夜深人静，它的声音从空旷的山谷传出来，不知情的人还以为是谁家的孩子走丢了呢。

人鱼是一种水陆两栖动物，活的时间非常久，活到五百年就可以听懂人言，到了一千年，就可以和人说话交流。据说它的肉口感细腻滑嫩，吃起来像是加了果冻的牛肉，非常鲜美。最神奇的是它的肉还有特别的功效，传说人吃了不但不会得老年痴呆症，而且还会返老还童，青春永驻。

传说在东汉末年，一对无儿无女的老夫妇为躲避战乱藏进了深山，无意中发现了人鱼，夫妇两人吃了以后竟然返老还童，还生下了七八个聪明健康的儿女。据说后来道教的创始人去深山采药，遇到了这对老夫妇，在他们的盛情邀请下喝下了一碗鱼汤，喝完后顿感精力充沛、神清气爽，就是在那个时候悟到了阴阳变化的真谛。

经考证，这种神奇的人鱼就是现在的大鲵，大鲵是很古老的水生鱼类演变而成的两栖类动物，比恐龙还要早很多年，堪称是动物界的活化石。

大鲵又称孩儿鱼、娃娃鱼，全长可达一米以上，体重最重的可以超百斤，它的外形有点类似蜥蜴，只是比蜥蜴更肥壮、扁平。它身体表面有很光滑的黏液，没有鳞片，但有各种斑纹，它有时可以像"变色龙"那样，体色随周围环境的变化而变化，但大多时候还是灰褐色。

大鲵的叫声像是娃娃啼哭，它们一般在石缝多的山间溪流、河湖中生活，要求水流湍急、水质干净清凉、水草茂盛，有时也会在岸上粗壮的树根间或倒伏的树干上活动。它们白天常藏匿于洞穴内，头多向外，便于随时行动，捕食和避敌，遇惊扰则迅速离洞向深水中游去。

古时候大鲵很多，从它分布的地域就可以看出来，可是生活到现在，大鲵的数量已经很少了，具体原因不详，或许是生态环境变化，也或许是古人滥捕滥食，反正到现在，大鲵已成为我国的二类保护动物，禁止捕食。

原典重现

又东北二百里，曰龙侯之山，无草木，多金玉。决决之水出焉，而东流注于河。其中多人鱼，其状如䑱鱼，四足，其音如婴儿，食之无痴疾。

——卷三·北山经

又东北一百五十里，曰朝歌之山。沃水出焉，东南流注于荥，其中多人鱼……

——卷五·中山经

鳙鳙鱼

爱睡懒觉的鱼

《山海经·东山经》中的第一座山，名叫㶬𧑐（sù zhū）山，山上有繁茂的树木，遍地的小溪汇成河流向东北注入大海，河流的名字叫食水，水里鱼类众多，其中就有鳙（yōng）鳙鱼。

鳙鳙鱼和我们现在的鳙鱼不同，这种鱼长得像犁牛，牛的脑袋，肥肥胖胖的鱼身，可它发出的声音却很像猪的叫声。鳙鳙鱼很懒惰，每天除了捕食就是睡觉，不喜欢到处游动，甚至达到了嗜睡的程度，并且有很大的"起床气"，如果有谁不小心把它从梦中惊醒，它就会高声惊叫，声音很大很刺耳，几百米之外都可以听到。

鳙鳙鱼

　　你可以想象一下这样的画面：清澈的小河里，各种小鱼在绿油油的水草中穿梭嬉戏，有一条小鱼一不小心碰到了在角落里酣睡的鳙鳙鱼，只见鳙鳙鱼还没有睁开眼睛，就直接张开大大的牛嘴，发出刺耳的猪叫声，吓得小鱼们到处躲藏。倏然间，以鳙鳙鱼为圆心，方圆五百米之内的小鱼，几秒钟时间就无踪无影了，只剩下水草乱晃。

　　鳙鳙鱼的长相和习性真没有辜负它这呆萌的名字呢！

原典重现

　　东山经之首，曰樕螽之山，北临乾昧。食水出焉，而东北流注于海。其中多鳙鳙之鱼，其状如犁牛，其音如彘鸣。

——卷四·东山经

碧阳河里的鳣、鲔

古时候，有一座方圆百里的孟子山，山上雨水充沛、林木繁茂、气候温和湿润，高大的梓树和桐树相互交杂着生长在一起，形成一片片茂密的树林，树林里生长着小草和各种菌类；稍低的桃树、李树则分散生长在向阳的高坡上和石缝中，水流汇成小溪在山顶曲折盘旋，小溪边长满了香蒲，漂亮的麋鹿在这生态平衡的天地间悠闲地奔跑觅食。山上的溪水聚成碧阳河，碧阳河是鳣（zhān）、鲔（wěi）的王国，它们每天在清澈的河水中游来游去、追逐玩耍。

鳣、鲔就是我们现在的鳇鱼和白鲟。

鳇鱼常常生活在江河水流较缓或急流漩涡处的水底。它不像别的小鱼那样爱成群结队，它喜欢独来独往，是个"独行侠"。每到大河涨水时它就异常兴奋，爱在激流汹涌的水面翻滚跳跃，像极了下雨天在屋外踩水坑淋雨的孩子。

说起鳇鱼，它名字的由来还有一段故事，古时候，有人捕获了一条古怪的大鱼，谁也没有见过这么大的鱼，就把它当成珍宝献给了皇帝。当时的文武百官谁也不知道这条鱼的名字，御医检验鱼肉不但无毒而且很美味，于是御膳房赶忙做了一盘给皇帝品尝。皇帝吃后龙颜大悦，称之为鱼王，并给大鱼赐名"鳇鱼"，这就是鳇鱼名字的由来。

白鲟是我国特产的稀有珍贵动物，是国家一级野生保护动物，被称为"水中大熊猫"。它体形庞大，最大的可以长到七八米，有"千斤腊子（中华鲟）万斤象（白鲟）"的说法。白鲟的嘴很长，有点像大象伸直了的

鼻子，所以又叫"象鱼"。白鲟很凶猛，以小鱼为主食，偶尔也把虾、蟹等小动物当点心。白鲟主要在长江一些水段的干支流中生活，钱塘江和黄河下游也偶有发现。由于人们过度捕捞和其他原因，白鲟的数量逐年减少，现在已经面临濒危的境地。

原典重现

    又南水行七百里，曰孟子之山，其木多梓桐，多桃李，其草多菌蒲，其兽多麋鹿。是山也，广员百里。其上有水出焉，名曰碧阳，其中多鳣鲔。

——卷四·东山经

蠵龟和鲐鲐鱼

从前有座跂踵山，这座山方圆二百里，山中寸草不生，许多大蛇在遍地玉石间爬行。山中有一个湖，水面有四十里左右，湖水是地下涌泉向上喷涌形成，这个湖名叫深泽。

湖水中有很多蠵（xī）龟，蠵龟在古代是很常见的，因为它甲壳上的花纹非常美丽，在阳光下闪着迷人的光泽，所以人们常常用它的壳做装饰品，也会拿来刻字、占卜等。

和蠵龟一起生活在这片水域的还有一种鱼，这种鱼的形状与鲤鱼相似，长着六只脚，身后却拖着鸟一样的尾巴，它叫起来发出"鲐（gé）鲐"的声音，于是人们就给它取名"鲐鲐鱼"。

鲐鲐鱼和蠵龟相处很融洽，是互帮互助的好邻居，蠵龟常常跟在鲐鲐鱼后边开玩笑地

蠵龟

鲐鲐鱼

问:"亲爱的邻居,你叫什么名字?"每到这个时候,鲐鲐鱼总是会"鲐鲐"笑着说:"我是一条鲐鲐鱼,鲐鲐。"而当螖龟在露出水面的石头上晒太阳时,鲐鲐鱼也常会调皮地用足爪激起水花溅到螖龟身上。

又南水行五百里,曰流沙,行五百里,有山焉,曰跂踵之山,广员二百里,无草木,有大蛇,其上多玉。有水焉,广员四十里皆涌,其名曰深泽,其中多螖龟。有鱼焉,其状如鲤而六足鸟尾,名曰鲐鲐之鱼,其名自讠丩。

——卷四·东山经

薄鱼
可以预示旱灾的鱼

在茈鱼的故乡东始山东南三百里有座女烝山,与东始山草木丰茂不同,女烝山上怪石突兀,不长草木。石膏水由此山发源,向西流入鬲水。石膏水中有许多薄鱼,若不是薄鱼只有一只眼睛,还真是难以将它同鳝鱼区分开来。薄鱼时不时地会发出很难听的声音,类似于人痛苦呕吐的声音。薄鱼的出现预示着将会有大范围的旱灾。

有人认为薄鱼是一种名为薄鳅的鱼类,喜欢生活在江河的上游,常常潜伏在水底的淤泥中,从外形和生活习性可以看出,薄鳅同鳝鱼有诸多相似之处。另外,据资料记载,薄鳅其实有两只眼睛,但它的眼睛特

薄鱼

别小，额头上却长着一个比眼睛还要大的、很别致的圆点，人们如果不仔细观察，完全有可能忽视了那一对不引人注意的小眼睛，而把额头上的别致圆点当成薄鳅的眼睛，说它是"一目"呢。

因为薄鳅生活在水底的泥沙中，水多的时候很难见到它的影子，一旦见到了它，就证明水位下降甚至干涸，所以古人说它的出现可以预示旱灾是不无道理的。

原典重现

又东南三百里，曰女烝之山，其上无草木。石膏水出焉，而西注于鬲水，其中多薄鱼，其状如鳣鱼而一目，其音如欧，见则天下大旱。

——卷四·东山经

鼍

上古时期的音乐家

在郁郁葱葱的岷山上长着许多梅树和棠树，岷山上气候湿润多雨水，生态环境良好，山上山下玉石遍地，绿草如茵，犀牛、象、夔牛、白翰和锦鸡等鸟兽在这里快乐地生活。长江从这里发源，向东北流入大海，长江中有很多品种优良的龟，还有许多鼍(tuó)。

鼍的形状像蜥蜴，其实就是现在的扬子鳄，又叫"猪婆龙"，它们在河湖浅滩上生活，性情非常凶猛，和青蛙一样是水陆两栖动物，冬天会冬眠。它们白天浮在水面晒太阳睡觉，晚上出来捕食兽类、鱼虾等。

古人认为，鼍是一种神鱼，能吞云吐雾在空中飞翔。考古学家认为，鼍就是中国龙的原型，而鼍的出没，常常与云、雨、雷、电等天象密切相关，与传说中龙呼风唤雨的能力一致。

也有人说，鼍是上古时期的音乐家，它精通音律，擅长各种乐器。传说鼍生性懒散，总是在家里呼呼大睡，有一次它在睡梦中用尾巴击打自己的大肚皮，发出清脆而有韵律的声音，正好被天帝颛顼听见，就让它成

为掌管天下乐事的乐师。从此之后，人们常用它的皮做鼓面，敲打起来声音格外铿锵有力。

鲛鱼

名字众多的鱼

　　位于湖北省南漳县西的荆山，在上古时期是座宝山。那时，山的北面盛产铁矿，山南则赤金遍地；山中气候温暖湿润，山顶松柏参差交错，遮天蔽日；山腰处橘树和柚树间杂着互生在一起，风吹过来，一丛丛的小竹子在树下随风摇摆。漳水从荆山发源，一路飞奔而下，蜿蜒向东南流入雎水。牦牛、豹子、老虎、麋鹿和黑色的山羊把漳水作为它们的根据地，常常在水边喝水、觅食，当然，也经常会上演一出追逐和逃跑的大戏。漳水中有很多黄金，身上长着各式各样花纹的鲛鱼就在这些黄金旁游来游去。

　　鲛鱼有很多名字："溜鱼""沙鱼""鰒鱼""鲛鲨""环雷鱼"等。怎么会有这么多的名字呢？《本草纲目》中说："鲛，皮有沙，其文交错鹊驳，故有诸名。"原来，这么多名字都是因为鲛鱼身上的花纹得来的。

有些古籍中描述更神奇：鲛鱼妈妈的肚子上有两个洞，它就在这两个洞里蓄水，养育自己的宝宝，鲛鱼宝宝们早上从妈妈口中游出来，晚上又游回到妈妈的肚子里。当鲛鱼

鲛鱼

宝宝遇到危险或受到惊吓，也会回到妈妈的肚子里，当然，小时候这样，长大了就不会这样了。

鲛鱼就是现在的鲨鱼，它的种类有几百多种，体形大小不一，小的只有几厘米，大的可以达到十几米。它们大多生活在热带、亚热带水域，身体坚硬，肌肉很发达，是肉食性鱼类，主要吃鱼、虾、蟹等。它们最敏锐的器官是鼻子，比陆地上狗的嗅觉还要灵敏，可以嗅出数公里外极细微物质散发出的气味。

鲨鱼是怎么样游泳呢？它在水中行进时主要是靠身体像蛇一样的运动，并配合尾鳍像橹一样的摆动向前推进。它们游得很快，在水中，大白鲨可以以四十多千米的时速穿梭，但它们只能在短时间内保持高速，并且它们多数不能倒退。

以前，大家都普遍认为鲨鱼从不睡觉。后来，专家们追踪鲨鱼才发现，其实它们是白天睡觉，晚上出来活动的。

东北百里，曰荆山，其阴多铁，其阳多赤金，其中多牦牛，多豹、虎，其木多松、柏，其草多竹，多橘、櫾。漳水出焉，而东南流注于睢，其中多黄金，多鲛鱼。其兽多闾、麋。

——卷五·中山经

龙鱼

吉祥和运势的化身

现在很多人都喜欢养龙鱼，龙鱼一直被认为是吉祥和运势的化身，因为"龙"寓意"吉祥"，"鱼"寓意"富足"。

《山海经》原著中的龙鱼又有什么样的故事呢？

传说黄帝成为部落联盟的首领后，把国都定在了轩辕，在轩辕国的北面有一片沃野，沃野北面的山陵中就居住着龙鱼。龙鱼是黄帝的坐骑，黄帝可以乘坐它上天下海，巡游九州。

龙鱼的形状有人说与鲤鱼相似，有人说像娃娃鱼，也有人说，龙鱼就是龙生九子中的老九——螭（chī）吻。

螭吻长着大大的龙脑袋、小小的鱼尾巴，龙头鱼身，似龙非龙，似鱼又非鱼，很是奇特。螭吻是个虽然调皮却又爱帮助别人的孩子，它最喜欢凑热闹，总是爱在险要的地方四处张望，每当它看到哪里着火了，就会赶紧飞过去喷水浇灭或直接吞掉火焰。

古时候人们建造宫殿，为了防止起火，就在屋顶正脊两端都安装上形状类似于螭吻的构件，寓意避火。

龙鱼

后来，也流传着这样的传说：龙王年纪大了，便决定从九个孩子中选一个当接班人，但是不知道到底选哪个好，这让老龙王操碎了心。弟兄九个中老九螭吻特别喜欢吞东西，擅长吞火吐水，和龙王性情最像，成了最有可能继承王位的龙，这让其他龙子很不安，于是它们合计要除掉螭吻。一

天，它们骗螭吻说谁要是能吞掉整个宫殿谁就能继承王位。天真的螭吻竟然相信了，于是飞上屋顶，张开大口，准备从屋脊开始吞，没想到刚咬住屋脊一角，就被其他龙子用剑刺死在屋脊上。从此，螭吻就化身成了咬住屋脊并且背插宝剑的神兽。

原典重现

龙鱼陵居在其北，状如鲤。一曰鰕。即有神圣乘此以行九野。

——卷七·海外西经

鲛人

眼泪变珍珠的美人鱼

唐代诗人李商隐在《锦瑟》一诗中写道："沧海月明珠有泪，蓝田日暖玉生烟。"这句"沧海月明珠有泪"引用的是什么典故呢？今天咱们就来探讨一下。

很久以前，有一个国家叫氐人国，氐人国在建木这个地方的西边，这个国家的人都长着人的脸、鱼的身体，没有脚。氐人国的人腰腹以上是人，腰腹以下是鱼。在古书中这种人鱼被称为"鲛人"。

爱好阅读的你看到这里，一定会有疑问："这个形象，不正是安徒生笔下的那个化为泡沫的小美人鱼吗？"是的，西方文学作品里的美人鱼和我国古代书中描写的鲛人相差无几。

鲛人又叫泉客，它们居住在南海，在水中生活，像鱼一样。它们美丽善良，心灵手巧，能织出薄如蝉翼的布，这种布水浸不湿，精美绝伦，被称为"鲛绡（xiāo）"。它们很勤劳，从来不放弃纺织的工作。

除了纺织，鲛人还有一项本领，那就是"泣珠"。鲛人哭泣流下的每一滴眼泪都是一粒珍珠。

相传，有一个鲛人织好了鲛绡从海里上岸去卖，到了傍晚还没卖完，无处可去的鲛人被一个好心人收留。几天后，鲛人卖完鲛绡，走的时候，鲛人向好心人要了一个盘子，然后嘤嘤哭泣。好心人很奇怪，正要去劝阻，却见哭出的点点泪珠一落入盘中，就变成了颗颗饱满的珍珠，鲛人便把整盘珍珠送给了好心人作为酬谢。

我们刚开始说的"沧海月明珠有泪"这句诗，引用的正是"鲛人泣珠"的传说。

郭沫若在《静夜》中也说过："怕会有鲛人在岸，对月流珠？"

你认为鲛人泣珠的原因是什么呢？是感激朋友的帮助，是对美好生活的向往，还是思念一个人呢？

鲛人

原典重现

氏人国在建木西，其为人人面而鱼身，无足。

——卷十·海外南经

鱼妇

可以死而复生的鱼

在我们研读历史典籍的过程中，常常会发现，神话传说中有很多与真实的历史糅合在一起，而《山海经》中许多神兽灵鸟又都能在现实生活中找到类似的原型，这不禁让我们怀疑《山海经》究竟是单纯的神话故事，还是在一定程度上反映了真实的历史。我们今天要讲的同样是神话与历史重合的故事。

《山海经》原著里说有一种鱼，它的身体半边是干枯的，名字叫鱼妇，是颛顼死后复苏过来变成的。

颛顼是谁呢？据说他是黄帝的孙子，昌意的儿子，姓姬，号高阳氏。传说黄帝死后，传位于长子少昊，而次子昌意则被封于弱水，娶昌仆为妻。昌仆有一次梦到一条直贯日月的长虹飞入腹中之后，就怀孕生下了颛顼。后来颛顼因为辅佐少昊有功，就被封为高阳氏。少昊死后，颛顼打败了炎帝的后裔共工而继任帝位。

颛顼继位后，禁绝巫术，恢复生产，改革立法，根据天时制定节气，做出了一系列有助于人类文明发展的改革，是个善良而有作为的帝王。

相传，颛顼活到九十八岁，他将要死去的时候天降异相，刚刚还风和日丽的天气突变，猛烈的大风从北方吹过来，乌云遮天蔽日，天上下起像泉涌一样的大雨。暴风骤雨、电闪雷鸣中，有一条修炼多年的蛇即将变为鱼，如同我们常见的幼虫破茧成蝶一般，只见它在大雨的护佑下正准备入水，颛顼便趁着蛇刚变为鱼的虚弱之时，把生命托生在鱼的躯体里，因而得以重生。

后来人们就把这种鱼和颛顼的结合体叫鱼妇。而鱼妇的神奇技能就是可以起死回生。

原典重现

> 有鱼偏枯，名曰鱼妇，颛顼死即复苏。风道北来，天乃大水泉，蛇乃化为鱼，是为鱼妇。颛顼死即复苏。
>
> ——卷十六·大荒西经

蜚蛭和琴虫

在最荒远的地方有一个国家叫肃慎氏国，肃慎氏国旁边耸立着一座名叫不咸的高山。山上生活着两种虫子，一种名叫蜚蛭（fěi zhì），它原来是水蛭，只能待在水中或陆地上，靠吸食其他生物的血为生。有一次，天帝派上古异兽腾蛇去下界传消息，腾蛇走到不咸山时听到一阵动听的琴声，不知不觉就睡着了，还做起美梦，醒来后才急匆匆地赶路离开。腾蛇却不知道，它睡着后水蛭趁机偷偷吸食了它的血液，腾蛇的血中有无尽的能量，水蛭因此才进化出四只翅膀，并学会了飞翔。

和蜚蛭做邻居一起住在不咸山的还有一种虫，它长着兽一样的脑袋，头上有毛发，蛇一样的身子，名叫琴虫。它鸣叫的声音像出色的琴师弹出的琴声那么好听，当年腾蛇路过不咸山时听到的琴声就是琴虫发出的声音，没想到无意之中竟帮了邻居水蛭的大忙。

蜚蛭

琴虫

　　说到这里，不得不提一下和琴虫有诸多相仿之处的囚牛。囚牛是龙生九子中的老大，长着像龙又似牛的脑袋，蛇一样的身子，性情特别温顺，它不嗜杀、不逞狠，最喜欢的就是音律。它能分辨万物的声音，也能弹出美妙的琴声，常常爱蹲在琴头上欣赏弹拨弦拉的音乐。后来人们就经常把它的形象刻在琴头上做装饰。

原典重现

　　大荒之中，有山名曰不咸。有肃慎氏之国。有蜚蛭，四翼。有虫，兽首蛇身，名曰琴虫。

——卷十七·大荒北经